MARK TWAIN

CLIMBING THE RIFFELBERG – RIFFELBERG-BESTEIGUNG

MARK TWAIN

CLIMBING THE RIFFELBERG

RIFFELBERG-BESTEIGUNG

Verlag Dorfpresse   8135 Langnau a.A.

From
"A tramp abroad"
chapt. 37–39
Chatto & Windus, London
1881

Aus
«Zu Fuss durch Europa»
3. Auflage 1967
Übersetzung von G. A. Himmel
© Copyright by Vandenhoeck & Ruprecht, Göttingen

ISBN 3-905480-02-6
Printed in Switzerland

B. Hürlimann, Verlag Dorfpresse, CH-8135 Langnau a. A.

Contents

Climbing the Riffelberg   7

The illustrations in the English text date back to the original edition of 1881:
"Illustrated by W. Fr. Brown, True Williams, B. Day and other artists –
with also three or four pictures made by the author of this book,
without outside help; in all."

All originals for the remaining illustrations courtesy
of Mr. Werner Vetterli, Uitikon.

Zermatt in the 1880s, woodcut	Cover
Old chapel in Zermatt, lithography	38
Bridge across the Findelenbach, lithography	45
Gorner glacier, lithography	58
Hotel Riffelberg, lithography	60
Matterhorn, woodcut	65
A glimpse of Zermatt, woodcut	74
Panorama of the Gornergrat, steel engraving	Back cover

Inhaltsverzeichnis

Riffelberg-Besteigung   41

Die Abbildungen im englischen Text stammen aus der Original-Ausgabe von 1881,
«Illustriert von W. Fr. Brown, True Williams, B. Day und andern Künstlern – dazu
drei oder vier Bilder vom Autor, gezeichnet ohne fremde Hilfe.»

Sämtliche Originale für die übrigen Abbildungen stellte
Herr Werner Vetterli, Uitikon, freundlicherweise zur Verfügung.

Zermatt um 1880, Holzschnitt	Umschlag
Alte Kirche von Zermatt, Lithographie	38
Brücke über den Findelenbach, Lithographie	45
Gorner-Gletscher, Lithographie	58
Hotel Riffelberg, Lithographie	60
Matterhorn, Holzschnitt	65
Schnappschuss von Zermatt, Holzschnitt	74
Panorama vom Gornergrat, Stahlstich	hinterer Deckel

Mark Twain visited Switzerland for the first time in the year 1878. His journey took him from Lucerne – with a trip up the Rigi mountain – over the Brünig Pass to Interlaken. From there he went on to Kandersteg and over the Gemmi Pass into the Valais. On the 27th August, at three o'clock in the afternoon, he arrived in Zermatt with his companion Harris (the Rev. J. H. Twichell).

As he relates in his diary, he spent his first evening there reading books by mountaineers. He found the many narratives of adventures successfully or less successfully accomplished and dangers survived passionately interesting – and it is here that his humerous account of the climbing of the Riffelberg begins.

CLIMBING THE RIFFELBERG

After I had finished my readings I was no longer myself; I was tranced, uplifted, intoxicated, by the almost incredible perils and adventures I had been following my authors through, and the triumphs I had been sharing with them. I sat silent some time, then turned to Harris, and said –

"My mind is made up."

Something in my tone struck him; and when he glanced at my eye and read what was written there, his face paled perceptibly. He hesitated a moment, then said –

"Speak."

I answered with perfect calmness –

"I will ascend the Riffelberg."

If I had shot my poor friend he could not have fallen from his chair more suddenly. If I had been his father he could not have pleaded harder to get me to give up my purpose. But I turned a deaf ear to all he said. When he perceived at last that nothing could alter my determination he ceased to urge, and for a while the deep silence was broken only by his sobs. I sat in marble resolution, with my eyes fixed upon vacancy, for in spirit I was already wrestling with the perils of the mountains, and my friend sat gazing at me in adoring admiration through his tears. At last he threw himself upon me in a loving embrace, and exclaimed in broken tones –

"Your Harris will never desert you. We will die together!"

I cheered the noble fellow with praises, and soon his fears were forgotten, and he was eager for the adventure. He wanted to summon the guides at once and leave at two in the morning, as he supposed the custom was; but I explained that nobody was looking at that hour, and that the start in the dark was not usually made from the village, but from the first night's resting-place on the mountain side. I said we would leave the village at three or four p.m. on the morrow; meantime he could notify the guides, and also let the public know of the attempt which we proposed to make.

I went to bed, but not to sleep. No man can sleep when he is about to undertake one of these Alpine exploits. I tossed feverishly all night long, and was glad enough when I heard the clock strike half-past eleven, and knew it was time to get up for dinner. I rose jaded and rusty, and went to the noon meal, where I found myself the centre of interest and curiosity, for the news was already abroad. It is not easy to eat calmly when you are a lion, but it is very pleasant, nevertheless.

As usual, at Zermatt, when a great ascent is about to be undertaken, everybody, native and foreign, laid aside his own projects and took up a good position to observe the start. The expedition consisted of 198 persons, including the mules, or 205, including the cows. As follows: –

Chiefs of Service

   Myself
   Mr. Harris
17 Guides
 4 Surgeons
 1 Geologist
 1 Botanist
 3 Chaplains
 2 Draftsmen
15 Barkeepers
 1 Latinist

Subordinates

 1 Veterinary Surgeon
 1 Butler
12 Waiters
 1 Footman
 1 Barber
 1 Head Cook
 9 Assistants
 4 Pastry Cooks
 1 Confectionery Artist

Transportation, etc.

27 Porters
44 Mules
44 Muleteers

3 Coarse Washers and Ironers
1 Fine ditto
7 Cows
2 Milkers

Total, 154 men, 51 animals – Grand Total, 205

Rations, etc.		*Apparatus*	
16	Cases Hams	25	Spring Mattresses
2	Barrels Flour	2	Hair ditto
22	Barrels Whisky		Bedding for same
1	Barrel Sugar	2	Mosquito Nets
1	Keg Lemons	29	Tents
2,000	Cigars		Scientific Instruments
1	Barrel Pies	97	Ice-axes
1	Ton of Pemmican	5	Cases Dynamite
143	Pair Crutches	7	Cans Nitro-glycerine
2	Barrels Arnica	22	40-foot Ladders
1	Bale of Lint	2	Miles of Rope
27	Kegs Paregorie	154	Umbrellas

It was full four o'clock in the afternoon before my cavalcade was entirely ready. At that hour it began to move. In point of numbers and spectacular effect it was the most imposing expedition that had ever marched from Zermatt.

I commanded the chief guide to arrange the men and animals in single file, twelve feet apart, and lash them all together on a strong rope. He objected that the first two miles was a dead level, with plenty of room, and that the rope was never used except in very dangerous places. But I would not listen to that. My reading had taught me that many serious accidents had happened in the Alps simply from not having the people tied up soon enough; I was not going to add one to the list. The guide then obeyed my order.

When the procession stood at ease, roped together, and ready to move, I never saw a finer sight. It was 3,122 feet long – over half a mile; every man but Harris and me was on foot, and had on his green veil and his blue goggles, and his white rag around his hat, and his coil of rope over one shoulder and under the other, and his ice-axe in his belt, and carried his alpenstock in his left hand, his umbrella (closed) in his right, and his crutches slung at his back. The burdens of the pack mules and the horns of the cows were decked with Edelweiss and the Alpine rose.

I and my agent were the only persons mounted. We were in the post of danger in the extreme rear, and tied securely to five guides apiece. Our armour-bearers carried our ice-axes, alpenstocks, and other implements for us. We were mounted upon very small donkeys, as a measure of safety; in time of peril we could straighten our legs and stand up, and let the donkey walk from under. Still, I cannot recommend this sort of animal – at least for excursions of mere pleasure – because his ears interrupt the view. I and my agent possessed the regulation mountaineering costumes, but concluded to leave them behind. Out of respect for the great numbers of tourists of both sexes who would be assembled in front of the hotels to see us pass, and also out of respect for the many tourists whom we expected to encounter on our expedition, we decided to make the ascent in evening dress.

At fifteen minutes past four I gave the command to move, and my subordinates passed it along the line. The great crowd in front of the Monte Rosa hotel parted in twain, with a cheer, as the procession approached, and as the head of it was filing by. I gave the order, "Unlimber – make ready – hoist!" and with one impulse up went my half mile of umbrellas. It was a beautiful sight, and a total surprise to the spectators. Nothing like that had ever been seen in the Alps before. The applause it brought forth was deeply gratifying to me, and I rode by with my plug hat in my hand to testify my appreciation of it. It was the only testimony I could offer, for I was too full to speak.

We watered the caravan at the cold stream which rushes down a trough near the end of the village, and soon afterward left the haunts of civilisation behind us. About half-past five o'clock we arrived at a bridge which spans the Visp, and after throwing over a detachment to see if it was safe, the caravan crossed without accident. The way now led, by a gentle ascent, carpeted with fresh green grass, to the church of Winkelmatten. Without stopping to examine this edifice, I executed a flank movement to the right and crossed the bridge over the Findelenbach, after first testing its strength. Here I deployed to the right again, and presently entered an inviting stretch of meadow land which was unoccupied save by a couple of deserted

The march
Der Aufstieg

huts toward its furthest extremity. These meadows offered an excellent camping-place. We pitched our tents, supped, established a proper guard, recorded the events of the day, and then went to bed.

We rose at two in the morning and dressed by candle-light. It was a dismal and chilly business. A few stars were shining, but the general heavens were overcast, and the great shaft of the Matterhorn was draped in a sable pall of clouds. The chief guide advised a delay; he said he feared it was going to rain. We waited until nine o'clock, and then got away in tolerably clear weather.

Our course led up some terrific steeps, densely wooded with larches and cedars, and traversed by paths which the rains had guttered and which were obstructed by loose stones. To add to the danger and inconvenience, we were constantly meeting returning tourists on foot or horseback, and as constantly being crowded and battered by ascending tourists who were in a hurry and wanted to get by.

Our troubles thickened. About the middle of the afternoon the seventeen guides called a halt and held a consultation. After consulting an hour they said their first suspicion remained intact – that is to say, they believed they were lost. I asked if they did not know it? No, they said, they couldn't absolutely know whether they were lost or not, because none of them had ever been in that part of the country before. They had a strong instinct that they were lost, but they had no proofs, except that they did not know where they were. They had met no tourists for some time, and they considered that a suspicious sign.

Plainly we were in an ugly fix. The guides were naturally unwilling to go alone and seek a way out of the difficulty; so we all went together. For better security we moved slowly and cautiously, for the forest was very dense. We did not move up the mountain, but around it, hoping to strike across the old trail. Toward nightfall, when we were about tired out, we came up against a rock as big as a cottage. This barrier took all the remaining spirit out of the men, and a panic of fear and despair ensued. They moaned and wept, and said they should never see their homes and their dear ones again. Then they began to upbraid me for bringing them upon this fatal expedition. Some even muttered threats against me.

Clearly, it was no time to show weakness. So I made a speech in which I said that other Alp-climbers had been in as perilous a position as this, and yet by courage and perseverance had escaped. I promised to stand by them; I promised to rescue them. I closed by saying we had plenty of provisions to maintain us for quite a siege; and did they suppose Zermatt would allow half a mile of men and

The caravan
Die Karawane

mules to mysteriously disappear during any considerable time, right above their noses, and make no inquiries. No, Zermatt would send out searching expeditions, and we should be saved.

This speech had a great effect. The men pitched the tents with some little show of cheerfulness, and we were snugly under cover when the night shut down. I now reaped the reward of my wisdom in providing one article which is not mentioned in any book of Alpine adventure but this. I refer to the paregoric. But for that beneficent drug, not one of those men would have slept a moment during that fearful night. But for that gentle persuader they must have tossed, unsoothed, the night through; for the whisky was for me. Yes, they would have risen in the morning unfitted for their heavy task. As it was, everybody slept but my agent and me – only we tow and the barkeepers. I would not permit myself to sleep at such a time. I considered myself responsible for all those lives. I meant to be on hand and ready, in case of avalanches. I am aware now that there were no avalanches up there, but I did not know it then.

We watched the weather all through that awful night, and kept an eye on the barometer, to be prepared for the least change. There was not the slightest change recorded by the instrument, during the whole time. Words cannot describe the comfort that that friendly, hopeful, steadfast thing was to me in that season of trouble. It was a defective barometer, and had no hand but the stationary brass pointer, but I did not know that until afterwards. If I should be in such a situation again, I should not wish for any barometer but that one.

All hands rose at two in the morning and took breakfast, and as soon as it was light we roped ourselves together and went at that rock. For some time we tried the hook-rope and other means of scaling it, but without success – that is, without perfect success. The hook caught once, and Harris started up it, hand over hand, but the hold broke, and if there had not happened to be a chaplain sitting underneath at the time, Harris would certainly have been crippled. As it was, it was the chaplain. He took to his crutches, and I ordered the hook-rope to be laid aside. It was too dangerous an implement where so many people were standing around.

The disabled chaplain
Der verletzte Geistliche

We were puzzled for a while; then somebody thought of the ladders. One of these was leaned against the rock, and the men went up it tied together in couples. Another ladder was sent up for use in descending. At the end of half an hour everybody was over, and that rock was conquered. We gave our first grand shout of triumph. But the joy was short-lived, for somebody asked how we were going to get the animals over.

This was a serious difficulty; in fact, it was an impossibility. The courage of the men began to waver immediately; once more we were threatened with a panic. But when the danger was most imminent, we were saved in a mysterious way. A mule which had attracted attention from the beginning by its disposition to experiment, tried to eat a five-pound can of nitro-glycerine. This happened right alongside the rock. The explosion threw us all to the ground, and covered us with dirt and débris; it frightened us

Trying experiments
Neigung zum Experimentieren

extremely, too, for the crash it made was deafening, and the violence of the shock made the ground tremble. However, we were grateful, for the rock was gone. Its place was occupied by a new cellar, about thirty feet across, by fifteen feet deep. The explosion was heard as far as Zermatt; and an hour and a half afterwards many citizens of that town were knocked down and quite seriously injured by descending portions of mule meat, frozen solid. This shows, better than any estimate in figures, how high the experimenter went.

We had nothing to do now but bridge the cellar and proceed on our way. With a cheer the men went at their work. I attended to the engineering myself. I appointed a strong detail to cut down trees with ice-axes and trim them for piers to support the bridge. This was a slow business, for ice-axes are not good to cut wood with. I caused my piers to be firmly set up in ranks in the cellar, and upon them I laid six of my forty-foot ladders, side by side, and laid six more on top of them. Upon this bridge I caused a bed of boughs to be spread, and on top of the boughs a bed of earth six inches deep. I stretched ropes upon either side to serve as railings, and then my bridge was complete. A train of elephants could have crossed it in safety and comfort. By nightfall the caravan was on the other side, and the ladders taken up.

Next morning we went on in good spirits for a while, though our way was slow and difficult, by reason of the steep and rocky nature of the ground and the thickness of the forest; but at last a dull despondency crept into the men's faces, and it was apparent that not only they, but even the guides, were now convinced that we were lost. The fact that we still met no tourists was a circumstance that was but too significant. Another thing seemed to suggest that we were not only lost, but badly lost; for there must surely be searching parties on the road before this time, yet we had seen no sign of them.

Demoralisation was spreading; something must be done, and done quickly too. Fortunately, I am not unfertile in expedients. I contrived one now which commended itself to all, for it promised well. I took three-quarters of a mile of rope and fastened one end of it around the waist of a guide, and told him to go and find the road, whilst the caravan waited. I instructed him to guide himself back by the rope, in case of failure; in case of success, he was to give the rope a series of violent jerks, whereupon the Expedition would go to him at once. He departed, and in two minutes had disappeared among the trees. I paid out the rope myself, while everybody watched the crawling thing with eager eyes. The rope crept away quite slowly, at times, at other times with some briskness. Twice or thrice we seemed to get the signal, and a shout was just ready to break from the men's lips when they perceived it was a false alarm. But at last, when over half a mile of rope had slidden away, it stopped gliding and stood absolutely still – one minute – two minutes – three – while we held our breath and watched.

Was the guide resting? Was he scanning the country from some high point? Was he inquiring of a chance mountaineer? Stop – had he fainted from excess of fatigue and anxiety?

This thought gave us a shock. I was in the very act of detailing an expedition to succour him, when the cord was assailed with a series of such frantic jerks that I could hardly keep hold of it. The huzza that went up, then, was good to hear. "Saved! Saved!" was the word that rang out, all down the long rank of the caravan.

We rose up and started at once. We found the route to be good enough for a while, but it began to grow difficult, by-and-by, and this feature steadily increased. When we judged we had gone half a mile, we momently expected to see the guide; but no, he was not visible anywhere; neither was he waiting, for the rope was still moving, consequently he was doing the same. This argued that he had not found the road yet, but was marching to it with some peasant. There was nothing for us to do but plod along, and this we did. At the end of three hours we were still plodding. This was not only mysterious, but exasperating. And very fatiguing, too; for we had tried hard, along at first, to catch up with the guide, but had only fagged ourselves in vain; for although he was travelling slowly he was yet able to go faster than the hampered caravan over such ground.

At three in the afternoon we were nearly dead with exhaustion – and still the rope was slowly gliding out. The murmurs against the guide had been growing steadily, and at last they were become loud and savage. A mutiny ensued. The men refused to proceed. They declared that we had been travelling over and over the same ground all day, in a kind of circle. They demanded that our end of the rope be made fast to a tree, so as to halt the guide until we could overtake him and kill him. This was not an unreasonable requirement, so I gave the order.

Twenty minutes' work
Werk von 20 Minuten

As soon as the rope was tied, the Expedition moved forward with that alacrity which the thirst for vengeance usually inspires. But after a tiresome march of almost half a mile, we came to a hill covered thick with a crumbly rubbish of stones, and so steep that no man of us all was now in a condition to climb it. Every attempt failed, and ended in crippling somebody. Within twenty minutes I had five men on crutches. Whenever a climber tried to assist himself by the rope, it yielded and let him tumble backwards. The frequency of this result suggested an idea to me. I ordered the caravan to 'bout face and form in marching order; I then made the tow-rope fast to the rear mule, and gave the command –

"Mark time – by the right flank – forward – march!"

The procession began to move, to the impressive strains of a battle chant, and I said to myself, "Now, if the rope don't break, I judge this will fetch that guide into the camp." I watched the rope gliding down the hill, and presently when I was all fixed for triumph I was confronted by a bitter disappointment: there was no guide tied to the rope, it was only a very indignant old black ram. The fury of the baffled Expedition exceeded all bounds. They even wanted to wreak their unreasoning vengeance on this innocent dumb brute. But I stood between them and their prey, menaced by a bristling wall of ice-axes and alpenstocks, and proclaimed that there was but one road to this murder, and it was directly over my corse. Even as I spoke I saw that my doom was sealed, except a miracle supervened to divert these madmen from their fell purpose. I see that sickening wall of weapons now; I see that advancing host as I saw it then, I see the hate in those cruel eyes; I remember how I drooped my head upon my breast; I feel again the sudden earthquake shock in my rear, administered by the very ram I was sacrificing myself to save; I hear once more the typhoon of laughter that burst from the assaulting column as I clove it from van to rear like a Sepoy shot from a Rodman gun.

The miracle
Das Wunder

I was saved. Yes, I was saved, and by the merciful instinct of ingratitude which nature had planted in the breast of that treacherous beast. The grace which eloquence had failed to work in those men's hearts had been wrought by a laugh. The ram was set free and my life was spared.

We lived to find out that that guide had deserted us as soon as he had placed a half-mile between himself and us. To avert suspicion, he had judged it best that the line should continue to move; so he caught that ram, and at the time that he was sitting on it making the rope fast to it, we were imagining that he was lying in a swoon, overcome by fatigue and distress. When he allowed the ram to get up, it fell to plunging around, trying to rid itself of the rope, and this was the signal which we had risen up with glad shouts to obey. We had followed this ram round and round in a circle all day – a thing which was proven by the discovery that we had watered the Expedition seven times at one and the same spring in seven hours. As expert a woodman as I am, I had somehow failed to notice this until my attention was called to it by a hog. This hog was always wallowing there, and as he was the only hog we saw, his frequent repetition, together with his unvarying similarity to himself, finally caused me to reflect that he must be the same hog, and this led me to the deduction that this must be the same spring also – which indeed it was.

I made a note of this curious thing, as showing in a striking manner the relative difference between glacial action and the action of the hog. It is now a well-established fact that glaciers move; I consider that my observations go to show, with equal conclusiveness, that a hog in a spring does not move. I shall be glad to receive the opinions of other observers upon this point.

To return, for an explanatory moment, to that guide, and then I shall be done with him. After leaving the ram tied to the rope, he had wandered at large a while, and then happened to run across a cow. Judging that a cow would naturally know more than a guide, he took her by the tail, and the result justified his judgment. She nibbled her leisurely way down-hill till it was near milking time; then she struck for home and towed him into Zermatt.

We went into camp on that wild spot to which that ram had brought us. The men were greatly fatigued. Their conviction that we were lost was forgotten in the cheer of a good supper, and before the reaction had a chance to set in, I loaded them up with paregoric and put them to bed.

Next morning I was considering in my mind our desperate situation and trying to think of a remedy, when Harris came to me with a Baedeker map which showed conclusively that the mountain we were on was still in Switzerland yes, every part of it was in Switzerland. So we were not lost, after all. This was an immense relief; it lifted the weight of two such mountains from my breast. I immediately had the news disseminated and the map exhibited. The effect was wonderful. As soon as the men saw with their own eyes that they knew where they were, and that it was only the summit that was lost and not themselves, they cheered up instantly and said with one accord, let the summit take care of itself, they were not interested in its troubles.

Our distresses being at an end, I now determined to rest the men in camp and give the scientific department of the Expedition a chance. First I made a barometric observation, to get our altitude, but I could not perceive that there was any result. I knew, by my scientific reading, that either thermometers or barometers ought to be boiled, to make them accurate; I did not know which it was, so I boiled both. There was still no result; so I examined these instruments and discovered that they possessed radical blemishes: the barometer had no hand but the brass pointer, and the ball of the thermometer was stuffed with tin foil. I might have boiled those things to rags, and never found out anything.

Scientific researches
Wissenschaftliche Untersuchungen

I hunted up another barometer; it was new and perfect. I boiled it half an hour in a pot of bean soup which the cooks were making. The result was unexpected: the instrument was not affected at all, but there was such a strong barometer taste to the soup that the head cook, who was a most conscientious person, changed its name in the bill of fare. The dish was so greatly liked by all, that I ordered the cook to have barometer soup every day. It was believed that the barometer might eventually be injured, but I did not care for that. I had demonstrated to my satisfaction that it could not tell how high a mountain was, therefore I had no real use for it. Changes of the weather I could take care of without it; I did not wish to know when the weather was going to be good; what I wanted to know was when it was going to be bad, and this I could find out from Harris's corns. Harris had had his corns tested and regulated at the government observatory in Heidelberg, and one could depend upon them with confidence. So I transferred the new barometer to the cooking department, to be used for the official mess. It was found that even a pretty fair article of soup could be made with the defective barometer; so I allowed that one to be transferred to the subordinate messes.

I next boiled the thermometer, and got a most excellent result; the mercury went up to about 200° Fahrenheit. In the opinion of the other scientists of the Expedition, this seemed to indicate that we had attained the extraordinary altitude of 200,000 feet above sea level. Science places the line of eternal snow at about 10,000 feet above sea level. There was no snow where we were, consequently it was proven that the eternal snow line ceases somewhere above the 10,000 foot level and does not begin any more. This was an interesting fact, and one which had not been observed by any observer before. It was as valuable as interesting, too, since it would open up the deserted summits of the highest Alps to population and agriculture. It was a proud thing to be where we were, yet it caused us a pang to reflect that but for that ram we might just as well have been 200,000 feet higher.

The success of my last experiment induced me to try an experiment with my photographic apparatus. I got it out, and boiled one of my cameras, but the thing was a failure: it made the wood swell up and burst, and I could not see that the lenses were any better than they were before.

I now concluded to boil a guide. It might improve him, it could not impair his usefulness. But I was not allowed to proceed. Guides have no feeling for science, and this one would not consent to be made uncomfortable in its interest.

In the midst of my scientific work, one of those needless accidents happened which are always occuring among the ignorant and thoughtless. A porter shot at a chamois and missed it and crippled the Latinist. This was not a serious matter to me, for a Latinist's duties are as well performed on crutches as otherwise – but the fact remained that if the Latinist had not happened to be in the way a mule would have got that load. That would have been quite another matter, for when it comes down to a question of value there is a palpable difference between a Latinist and a mule. I could not depend on having a Latinist in the right place every time; so, to make things safe, I ordered that in future the chamois must not be hunted within the limits of the camp with any other weapon than the forefinger.

My nerves had hardly grown quiet after this affair when they got another shake-up – one which utterly unmanned me for a moment: a rumour swept suddenly through the camp that one of the barkeepers had fallen over a precipice.

However, it turned out that it was only a chaplain. I had laid in an extra force of chaplains, purposely to be prepared for emergencies like this, but by some unaccountable oversight had come away rather short-handed in the matter of barkeepers.

On the following morning we moved on, well refreshed and in good spirits. I remember this day with peculiar pleasure, because it saw our road restored to us. Yes, we found our road again, and in quite an extraordinary way. We had plodded along some two hours and a half, when we came up against a solid mass of rock about twenty feet high. I did not need to be instructed by a mule this time. – I was already beginning to know more than any mule in the Expedition. – I at once put in a blast of dynamite, and lifted that rock out of the way. But to my surprise and mortification, I found that there had been a châlet on top of it.

I picked up such members of the family as fell in my vicinity, and subordinates of my corps collected the rest. None of these poor people were injured, happily, but they were much annoyed. I explained to the head chaleteer just how the thing happened, and that I was only searching for the road, and would certainly have given him timely notice if I had known he was up there. I said I had meant no harm, and hoped I had not lowered myself in his estimation by raising him a few rods in the air. I said many other judicious things, and finally when I offered to rebuild his châlet, and pay for breakages, and throw in the cellar, he was mollified and satisfied. He hadn't any cellar at all, before; he would not have as good a view, now, as formerly, but what he had lost in view he had gained in cellar, by exact measurement. He said there wasn't another hole like that in the mountains – and he would have been right if the late mule had not tried to eat up the nitro-glycerine.

I put a hundred and sixteen men at work, and the rebuilt the châlet from its own débris in fifteen minutes. It was a good deal more picturesque than it was before, too. The man said we were now on the Feli-Stutz, above the Schweigmatt – information which I was glad to get, since it gave us our position to a degree of particularity which we had not been accustomed to for a day or so. We also learned that we were standing at the foot of the Riffelberg proper, and that the initial chapter of our work was completed.

We had a fine view, from here, of the energetic Visp, as it makes its first plunge into the world from under a huge arch of solid ice, worn through the foot-wall of the great Gorner Glacier; and we could also see the Furggenbach, which is the outlet of the Furggen Glacier.

The mule-road to the summit of the Riffelberg passed right in front of the châlet, a circumstance which we almost immediately noticed, because a procession of tourists was filing along it pretty much all the time.[1] The chaleteer's business consisted in furnishing refreshments to tourists. My blast had interrupted this trade for a few minutes, by breaking all the bottles on the place; but I gave the man a lot of whisky to sell for Alpine champagne, and a lot of

---

[1] "Pretty much" may not be elegant English, but it is high time it was. There is no elegant word or phrase which means just what it means.

vinegar which would answer for Rhine wine, consequently trade was soon as brisk as ever.

Leaving the Expedition outside to rest, I quartered myself in the châlet, with Harris, purposing to correct my journals and scientific observations before continuing the ascent.

I formed the caravan in marching order presently, and after riding down the line to see that it was properly roped together, gave the command to proceed. In a little while the road carried us to open, grassy land. We were above the troublesome forest now, and had an uninterrupted view, straight before us, of our summit – the summit of the Riffelberg.

We followed the mule road, a zigzag course, now to the right, now to the left, but always up, and always crowded and incommoded by going and coming files of reckless tourists who were never, in a single instance, tied together. I was obliged to exert the utmost care and caution, for in many places the road was not two yards wide, and often the lower side of it sloped away in slanting precipices eight and even nine feet deep. I had to encourage the men constantly, to keep them from giving way to their unmanly fears.

We might have made the summit before night but for a delay caused by the loss of an umbrella. I was for allowing the umbrella to remain lost, but the men murmured, and with reason, for in this exposed region we stood in peculiar need of protection against avalanches; so I went into camp and detached a strong party to go after the missing article.

The difficulties of the next morning were severe, but our courage was high, for our goal was near. At noon we conquered the last impediment – we stood at last upon the summit – and without the loss of a single man, except the mule. Our great achievement was achieved – the possibility of the impossible was demonstrated, and Harris and I walked proudly into the great dining-room of the Riffelberg Hotel and stood our alpenstocks up in the corner.

Yes, I had made the grand ascent; but it was a mistake to do it in evening dress. The plug hats were battered, the swallow-tails were fluttering rags, mud added no grace, the general effect was unpleasant and even disreputable.

Summit of the
Gornergrat
Auf dem Gipfel des
Gornergrat

There were about seventy-five tourists at the hotel – mainly ladies and little children – and they gave us an admiring welcome which paid us for all our privations and sufferings. The ascent had been made, and the names and dates now stand recorded on a stone monument there to prove it to all future tourists.

I boiled a thermometer and took an altitude, with a most curious result: the summit was not as high as the point on the mountain side where I had taken the first altitude. Suspecting that I had made an important discovery, I prepared to verify it. There happened to be a still higher summit – called the Gorner Grat – above the hotel, and notwithstanding the fact that it overlooks a glacier from a dizzy height, and that the ascent is difficult and dangerous, I resolved to venture up there and boil a thermometer. So I sent a strong party, with some borrowed hoes, in charge of two chiefs of service, to dig a stairway in the soil all the way, and this I ascended, roped to the guides. This breezy height was the summit proper – so I accomplished even more than I had originally purposed to do. This foolhardy exploit is recorded on another stone monument.

I boiled my thermometer, and sure enough this spot, which purported to be 2,000 feet higher than the locality of the hotel, turned out to be 9,000 feet lower. Thus the fact was clearly demonstrated that, above a certain point, the higher a point seems to be, the lower it actually is. Our ascent itself was a great achievement, but his contribution to science was an inconceivably greater matter.

Cavillers object that water boils at a lower and lower temperature the higher and higher you go, and hence the apparent anomaly. I answer that I do not base my theory upon what the boiling water does, but upon what boiled thermometer says. You can't go behind the thermometer.

I had a magnificent view of Monte Rosa, and apparently all the rest of the Alpine world, from that high place. All the circling horizon was piled high with a mighty tumult of snowy crests. One might have imagined he saw before him the tented camps of a beleaguering host of Brobdingnagians.

Chiefs of the advance guard
Leiter der Voraus-Abteilung

But lonely, conspicuous, and superb rose that wonderful upright wedge, the Matterhorn. Its precipitous sides were powdered over with snow, and the upper half hidden in thick clouds which now and then dissolved to cobweb films and gave brief glimpses of the imposing tower as through a veil. A little later the Matterhorn[1] took to himself the semblance of a volcano; he was stripped naked to his

---

[1] I had the very unusual luck to catch one little momentary glimpse of the Matterhorn wholly unencumbered by clouds. I levelled my photographic apparatus at it without the loss of an instant, and should have got an elegant picture if my donkey had not interfered. It was my purpose to draw this photograph all by myself for my book, but I was obliged to put the mountain part of it into the hands of the professional artist because I found I could not do landscape well.

My picture of the Matterhorn
Meine Zeichnung des Matterhorns

apex – around this circled vast wreaths of white cloud which strung slowly out and streamed away slantwise toward the sun, a twenty-mile stretch of rolling and tumbling vapour, and looking just as if it were pouring out of a crater. Later again, one of the mountain's sides was clean and clear, and another side densely clothed from base to summit in thick smoke-like cloud which feathered off and blew around the shaft's sharp edge like the smoke around the corners of a burning building. The Matterhorn is always experimenting, and always gets up fine effects too. In the sunset, when all the lower world is palled in gloom, it points towards heaven out of the pervading blackness like a finger of fire. In the sunrise – well, they say it is very fine in the sunrise.

Authorities agree that there is no such tremendous "lay out" of snowy Alpine magnitude, grandeur, and sublimity to be seen from any other accessible point as the tourist may see from the summit of the Riffelberg. Therefore let the tourist rope himself up and go there, for I have shown that with nerve, caution, and judgement the thing can be done.

I wish to add one remark here – in parentheses, so to speak – suggested by the word "snowy", which I have just used. We have all seen hills and mountains and levels with snow on them, and so we think we know all the aspects and effects produced by snow. But indeed we do not, until we have seen the Alps. Possibly mass and distance add something – at any rate something is added. Among other noticeable things, there is a dazzling, intense whiteness about the distant Alpine snow when the sun is on it, which one recognises as peculiar, and not familiar to the eye. The snow which one is accustomed to has a tint to it – painters usually give it a bluish cast – but there is no perceptible tint to the distant Alpine snow when it is trying to look its whitest. As to the unimaginable splendour of it when the sun is blazing down on it – well, it simply is unimaginable.

A guide-book is a queer thing. The reader has just seen what a man who undertakes the great ascent from Zermatt to the Riffelberg Hotel must experience.

Yet, Baedeker makes these strange statements concerning this matter: –

1. Distance – three hours.
2. The road cannot be mistaken.
3. Guide unnecessary.
4. Distance from Riffelberg Hotel to the Gorner Grat, one hour and a half.
5. Ascent simple and easy. Guide unnecessary.
6. Elevation of Zermatt above seal level, 5,315 feet.
7. Elevation of Riffelberg Hotel above sea level, 8,429 feet.
8. Elevation of Gorner Grat above sea level, 10,289 feet.

I have pretty effectually throttled these errors by sending him the following demonstrated facts: –

1. Distance from Zermatt to Riffelberg Hotel, seven days.
2. The road can be mistaken. If I am the first that did it, I want the credit of it too.
3. Guides are necessary, for none but a native can read those finger-boards.
4. The estimate of the elevation of the several localities above sea level is pretty correct – for Baedeker. He only misses it about a hundred and eighty or ninety thousand feet.

I found my arnica invaluable. My men were suffering excruciatingly, from the friction of sitting down so much. During two or three days not one of them was able to do more than lie down or walk about; yet so effective was the arnica, that on the fourth all were able to sit up. I consider that, more than to anything else, I owe the success of our great undertaking to arnica and paregoric.

My men being restored to health and strength, my main perplexity now was how to get them down the mountain again. I was not willing to expose the brave fellows to the perils, fatigues, and hardships of that fearful route again if it could be helped. First I thought of balloons; but of course I had to give that idea up, for balloons were not procurable. I thought of several other expedients, but upon consideration discarded them for cause. But at last I hit it. I was aware that the movement of glaciers is an established fact, for I had read it in Baedeker; so I resolved to take passage for Zermatt on the great Gorner Glacier.

Very good. The next thing was, how to get down to the glacier comfortably – for the mule-road to it was long, and winding, and wearisome. I set my mind at work, and soon thought out a plan. One looks straight down upon the vast frozen river called the Gorner Glacier from the Gorner Grat – a sheer precipice 1,200 feet high. We had 154 umbrellas – and what is an umbrella but a parachute?

I mentioned this noble idea to Harris with enthusiasm, and was about to order the expedition to form on the Gorner Grat, with their umbrellas, and prepare for flight by platoons, each platoon in command of a guide, when Harris stopped me and urged me not to be too hasty. He asked me if this method of descending the Alps had ever been tried before. I said, "No, I had not heard of an instance." Then, in his opinion, it was a matter of considerable gravity; in his opinion it would not be well to send the whole command over the cliff at once; a better way would be to send down a single individual first, and see how he fared.

I saw the wisdom of this idea instantly. I said as much, and thanked my agent cordially, and told him to take his umbrella and try the thing right away, and wave his hat when he got down, if he struck in a soft place, and then I would ship the rest right along.

Harris was greatly touched with this mark of confidence, and said so in a voice that had a perceptible tremble in it; but at the same time he said he did not feel himself worthy of so conspicuous a favour; that it might cause jealousy in the command, for there were plenty who would not hesitate to say he had used underhand means to get the appointment, whereas his conscience would bear him witness that he had not sought it at all, nor even in his secret heart, desired it.

I said these words did him extreme credit, but that he must not throw away the imperishable distinction of being the first man to descend an Alp per parachute, simply to save the feelings of some envious underlings. No, I said, he must accept the appointment – it was no longer an invitation, it was a command.

He thanked me with effusion, and said that putting the thing in this form removed every objection. He retired, and soon returned with his umbrella, his eyes flaming with gratitude and his cheeks

Everybody had an excuse
Jeder hatte eine Entschuldigung

pallid with joy. Just then the head guide passed along. Harris's expression changed to one of infinite tenderness, and he said –

"That man did me a cruel injury four days ago, and I said in my heart he should live to perceive and confess that the only noble revenge a man can take upon his enemy is to return good for evil. I resign in his favour. Appoint him."

I threw my arms around the generous fellow and said –

"Harris, you are the noblest soul that lives. You shall not regret this sublime act, neither shall the world fail to know of it. You shall have opportunities far transcending this one, too, if I live – remember that."

I called the head guide to me and appointed him on the spot. But the thing aroused no enthusiasm in him. He did not take to the idea at all. He said –

"Tie myself to an umbrella and jump over the Gorner Grat; excuse me, there are a great many pleasanter roads to the devil than that."

Upon a discussion of the subject with him, it appeared that he considered the project distinctly and decidedly dangerous. I was not convinced, yet I was not willing to try the experiment in any risky way – that is, in a way that might cripple the strength and efficiency of the Expedition. I was about at my wits' end when it occurred to me to try it on the Latinist.

He was called in. But he declined, on the plea of inexperience, diffidence in public, lack of curiosity, and I don't know what all. Another man declined on account of a cold in the head; thought he ought to avoid exposure. Another could not jump well – never could jump well – did not believe he could jump so far without long and patient practice. Another was afraid it was going to rain, and his umbrella had a hole in it. Everybody had an excuse. The result was what the reader has by this time guessed: the most magnificent idea that was ever conceived had to be abandoned from sheer lack of a person with enterprise enough to carry it out. Yes, I actually had to give that thing up – whilst, doubtless, I should live to see somebody use it, and take all the credit from me.

Well, I had to go overland – there was no other way. I marched the Expedition down the steep and tedious mule-path, and took up as good a position as I could upon the middle of the glacier, because Baedeker said the middle part travels the fastest. As a measure of economy, however, I put some of the heavier baggage on the shoreward parts, to go as slow freight.

I waited and waited, but the glacier did not move. Night was coming on, the darkness began to gather – still we did not budge. It occurred to me then that there might be a time-table in Baedeker, it would be well to find out the hours of starting. I called for the book –

Sprung a leak
Ein übles Leck

it could not be found. Bradshaw would certainly contain a timetable, but no Bradshaw could be found.

Very well, I must make the best of the situation. So I pitched the tents, picketed the animals, milked the cows, had supper, paregoricked the men, established the watch, and went to bed – with orders to call me as soon as we came in sight of Zermatt.

I awoke about half-past ten next morning and looked around. We hadn't budged a peg! At first I could not understand it: then it occurred to me that the old thing must be aground. So I cut down some trees and rigged a spar on the starboard and another on the port side, and fooled away upwards of three hours trying to spar her off. But it was no use, she was half a mile wide and fifteen or twenty miles long, and there was no telling just whereabouts she was aground. The men began to show uneasiness too, and presently they came flying to me with ashy faces, saying she had sprung a leak.

Nothing but my cool behaviour at this critical time saved us from another panic. I ordered them to show me the place. They led me to a spot where a huge boulder lay in a deep pool of clear and brilliant water. It did look like a pretty bad leak, but I kept that to myself. I made a pump and set the men to work to pump out the glacier. We made a success of it. I perceived then that it was not a leak at all. This boulder had descended from a precipice and stopped on the ice in the middle of the glacier, and the sun had warmed it up every day, and consequently it had melted its way deeper and deeper into the ice, until at last it reposed, as we had found it, in a deep pool of the clearest and coldest water.

Presently Baedeker was found again, and I hunted eagerly for the time-table. There was none. The book simply said the glacier was moving all the time. This was satisfactory, so I shut up the book and chose a good position to view the scenery as we passsed along. I stood there some time enjoying the trip, but at last it occurred to me that we did not seem to be gaining any on the scenery. I said to myself, "This confounded old thing's aground again, sure" – and opened Baedeker to see if I could run across any remedy for these annoying interruptions. I soon found a sentence which threw a dazzling light upon the matter. It said, "The Gorner Glacier travels at an average rate of a little less than an inch a day." I have seldom felt so outraged. I have seldom had my confidence so wantonly betrayed. I made a small calculation: 1 inch a day, say 30 feet a year; estimated distance to Zermatt, 3,1–18 miles. Time required to go by glacier, a little over five hundred years! I said to myself, "I can walk it quicker, and before I will patronise such a fraud as this, I will do it."

When I revealed to Harris the fact that the passenger-part of this glacier – the central part – the lightning-express part, so to speak – was not due in Zermatt till the summer of 2,378, and that the baggage, coming along the slow edge, would not arrive until some generations later, he burst out with –

"That is European management all over! An inch a day – think of that! Five hundred years to go a trifle over three miles! But I am not a bit surprised. It's a Catholic glacier. You can tell by the look of it. And the management!"

I said no, I believed nothing but the extreme end of it was in a Catholic canton.

"Well, then, it's a Government glacier," said Harris. "It's all the same. Over here the Government runs everything – so everything's slow; slow and ill-managed. But with us, everything's done by private enterprise, and then there ain't much lolling around, you can depend on it. I wish Tom Scott could get his hands on this torpid old slab once – you'd see it take a different gait from this."

I said I was sure he would increase the speed, if there was trade enough to justify it.

"He'd make trade," said Harris. "That's the difference between Governments and individuals. Governments don't care, individuals do. Tom Scott would take all the trade; in two years Gorner stock would go to 200, and inside of two more you would see all the other glaciers under the hammer for taxes." After a reflective pause, Harris added, "A little less than an inch a day; a little less than an inch, mind you. Well, I am losing my reverence for glaciers."

I was feeling much the same way myself. I have travelled by canal boat, ox-waggon, raft, and by the Ephesus and Smyrna railway, but when it comes down to good solid honest slow motion, I bet my money on the glacier. As a means of passenger transportation I consider the glacier a failure; but as a vehicle for slow freight, I think she fills the bill. In the matter of putting the fine shades on that line of business, I judge she could teach the Germans something.

I ordered the men to break camp and prepare for the land journey to Zermatt. At this moment a most interesting find was made; a dark object, bedded in the glacial ice, was cut out with the ice-axes, and it proved to be a piece of the undressed skin of some animal – a hair trunk, perhaps; but a close inspection disabled the hair trunk theory, and further discussion and examination exploded it entirely – that is, in the opinion of all the scientists except the one who had advanced it. This one clung to his theory with the affectionate fidelity characteristic of originators of scientific theories, and afterwards won many of the first scientists of the age to his view, by a very able pamphlet which he wrote, entitled "Evidences going to show that the hair trunk, in a wild state, belonged to the early glacial period, and roamed the wastes of chaos in company with the cave bear, primeval man, and the other Oolitics of the Old Silurian family."

Each of our scientists had a theory of his own, and put forward an animal of his own as a candidate for the skin. I sided with the geologist of the Expedition in the belief that this patch of skin had once helped to cover a Siberian elephant in some old forgotten age – but we divided there, the geologist believing that this discovery proved that Siberia had formerly been located where Switzerland is now, whereas I held the opinion that it merely proved that the primeval Swiss was not the dull savage he is represented to have been, but was a being of high intellectual development, who liked to go to the menagerie.

We arrived that evening, after many hardships and adventures, in some filds close to the great ice-arch where the mad Visp boils and surges out from under the foot of the great Gorner Glacier, and here we camped, our perils over, and our magnificent undertaking successfully completed. We marched into Zermatt the next day, and were received with the most lavish honours and applause. A document, signed and sealed by all the authorities, was given to me which established and endorsed the fact that I had made the ascent of the Riffelberg. This I wear around my neck, and it will be buried with me when I am no more.

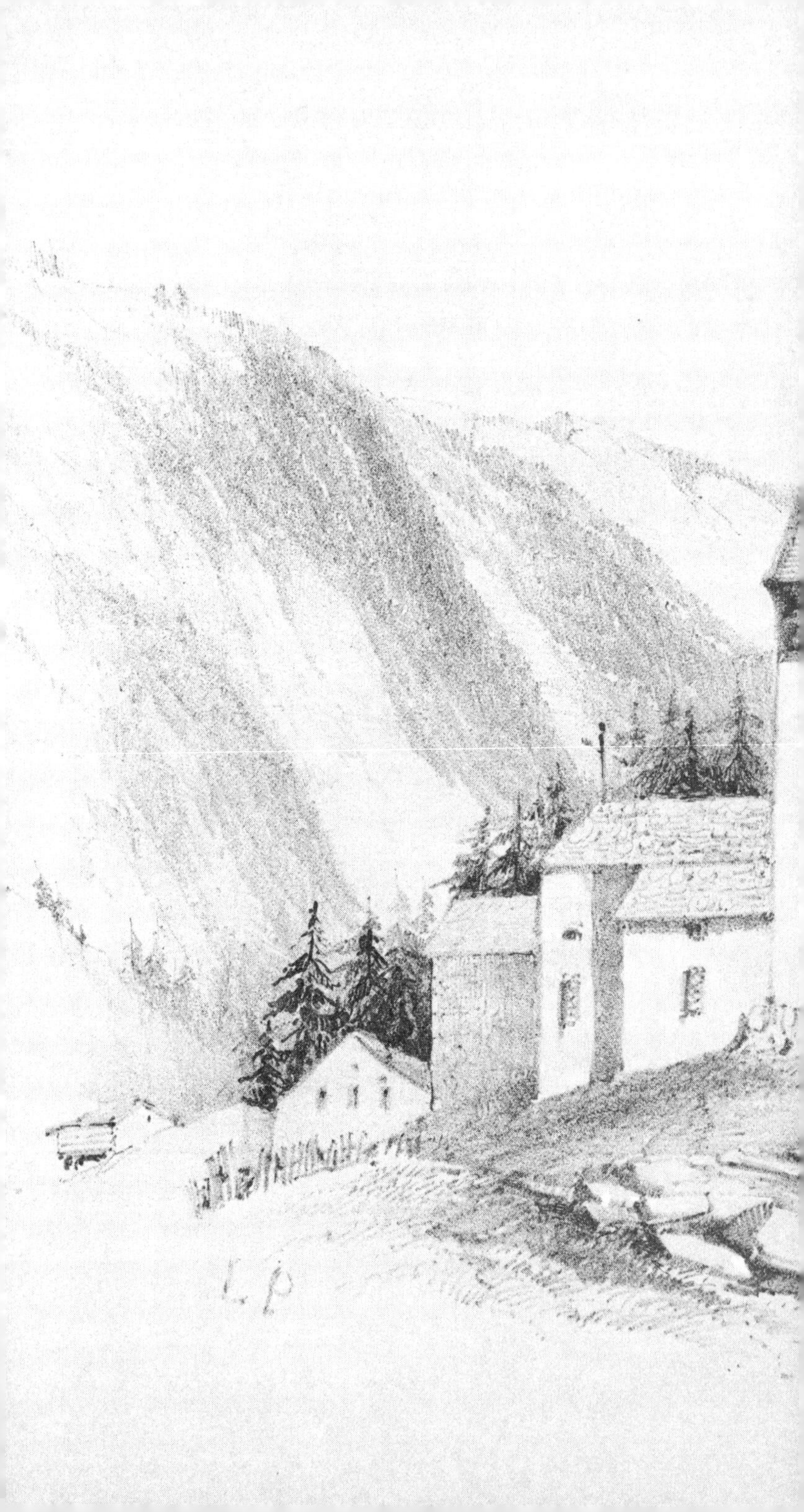

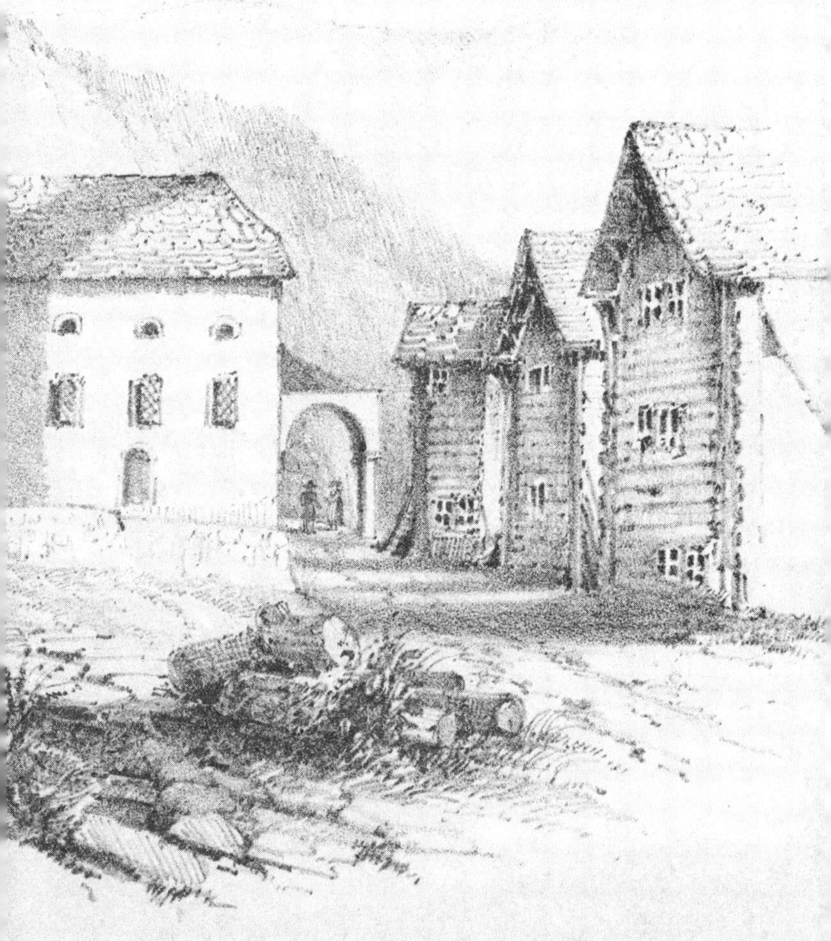

Im Jahre 1878 besuchte Mark Twain erstmals die Schweiz. Seine Reise führte von Luzern – mit einem Abstecher auf Rigi-Kulm – über den Brünigpass nach Interlaken. Von dort ging es weiter nach Kandersteg und über den Gemmipass ins Wallis. Am 27. August, nachmittags um drei Uhr, traf er mit seinem Begleiter Harris (Rev. J.H. Twichell) in Zermatt ein.
Wie er in seinem Tagebuch schreibt, verbrachte er den ersten Abend mit der Lektüre von Bergsteiger-Büchern. Die vielen Schilderungen von glücklich oder weniger glücklich verlaufenen Abenteuern und überstandenen Gefahren interessierten ihn sehr – und hier beginnt seine humorvolle Erzählung von der Besteigung des Riffelberges.

RIFFELBERG-BESTEIGUNG

Als ich meine Lektüre beendet hatte, war ich nicht mehr ich selber; ich war verzückt und benommen, erhoben und berauscht von den fast unglaublichen Gefahren und Abenteuern, bei denen ich die Verfasser begleitet, und von den Triumphen, an denen ich teilgenommen hatte. Eine Zeitlang sass ich schweigend da, dann wandte ich mich zu Harris und sagte:

«Mein Entschluss steht fest.»

Mein Tonfall liess ihn aufhorchen; und als er mir in die Augen sah und las, was dort geschrieben stand, wurde sein Gesicht merklich blass. Er zögerte einen Augenblick, dann sagte er:

«Sprechen Sie!»

Ich antwortete mit vollkommener Gelassenheit:

«Ich werde den Riffelberg besteigen.»

Mein armer Freund hätte nicht plötzlicher vom Stuhl fallen können, wenn ich auf ihn geschossen hätte. Wäre ich sein Vater gewesen, hätte er mich nicht inständiger anflehen können, von meinem Vorsatz abzulassen. Aber ich verschloss meine Ohren gegen alles, was er sagte. Als er schliesslich merkte, dass nichts meinen Beschluss umstossen konnte, hörte er auf, mich zu bestürmen, und lange Zeit wurde unser Schweigen nur von seinem Schluchzen unterbrochen. Ich sass, den Blick ins Leere gerichtet, in steinharter Entschlossenheit da, denn im Geiste rang ich bereits mit den Gefahren der Berge, und mein Freund starrte mich in anbetender Bewunderung durch seine Tränen an. Endlich warf er sich in einer liebevollen Umarmung auf mich und rief mit versagender Stimme:

«Ihr Harris wird Sie nie verlassen. Wir werden zusammen sterben!»

Ich munterte den edlen Mann mit lobenden Worten auf, und schon bald hatte er seine Ängste vergessen und sah dem Abenteuer begierig entgegen. Er wollte die Führer auf der Stelle herbeirufen und um zwei Uhr in der Frühe aufbrechen, wie er es für üblich hielt; aber ich erklärte ihm, dass um die Zeit niemand zuschauen würde; und dass der Aufbruch im Dunkeln gewöhnlich nicht vom Dorf aus erfolge, sondern vom ersten Nachtlager oben am Berghang. Ich sagte ihm, dass wir das Dorf am nächsten Tag gegen drei oder vier Uhr nachmittags verlassen würden; in der Zwischenzeit könne er die Führer benachrichtigen und auch die Allgemeinheit von der Besteigung wissen lassen, die wir zu unternehmen gedachten.

Ich ging zu Bett, fand jedoch keinen Schlaf. Niemand kann schlafen, der sich vorgenommen hat, eines dieser alpinen Abenteuer zu bestehen. Die ganze Nacht warf ich mich wie im Fieber von einer Seite auf die andere, und ich war heilfroh, als ich die Uhr halb zwölf schlagen hörte und wusste, dass es Zeit war, zum Essen aufzustehen. Ich erhob mich matt und steif und ging zum Mittagsmahl hinunter, wo ich den Mittelpunkt von allerlei Anteilnahme und Neugierde bildete, denn die Nachricht hatte bereits die Runde gemacht. Es ist nicht leicht, gelassen zu speisen, wenn man eine Berühmtheit ist, aber sehr angenehm ist es trotzdem.

Wie immer in Zermatt, wenn eine grosse Besteigung bevorsteht, vergass alles, Einheimische wie Fremde, vorübergehend jegliches eigene Vorhaben und verschaffte sich einen guten Platz, um dem Aufbruch zuzuschauen. Die Expedition umfasste 198 Personen einschliesslich der Maultiere oder 205 einschliesslich der Kühe. Hier ist die Aufstellung:

Leitende Teilnehmer	*Untergebene*
Ich	1 Veterinär
Mr. Harris	1 Butler
17 Bergführer	12 Kellner
4 Ärzte	1 Lakai
1 Geologe	1 Barbier
1 Botaniker	1 Chefkoch
3 Geistliche	9 Gehilfen
2 Zeichner	4 Pastetenbäcker
15 Büfettiers	1 Zuckerbäcker
1 Latinist	

	Transport usw.
27 Träger	3 Wäscherinnen und Büglerinnen
44 Maultiere	für Grobwäsche
44 Maultiertreiber	1 dito für Feinwäsche
	7 Kühe
	2 Melker

Zusammen 154 Leute, 51 Tiere – summa summarum, 205

Vorräte usw.	*Ausrüstung*
16 Schinken	25 Sprungfedermatratzen
2 Fässer Mehl	2 Rosshaarmatratzen,
22 Fässer Whisky	dazu Bettzeug
1 Fass Zucker	2 Mückennetze
1 Fässchen Zitronen	29 Zelte
2000 Zigarren	Wissenschaftliche Instrumente
1 Fass Pasteten	97 Eispickel
1 Fass Fleischkuchen	5 Kisten Dynamit
143 Krücken	7 Kanister Nitroglyzerin
2 Fässer Arnika	22 Leitern (12 Meter)
1 Ballen Zupflinnen	3 Kilometer Seil
27 Fässchen Opiumtinktur	154 Regenschirme

Es wurde vier Uhr nachmittags, bevor meine Kavalkade zum Aufbruch bereitstand. Um diese Zeit setzte sie sich in Bewegung. Zahlenmässig und der aufsehenerregenden Wirkung nach stellte sie die eindrucksvollste Expedition dar, die jemals von Zermatt ausgezogen war.

Ich befahl dem obersten Bergführer, Leute und Tiere in einer Reihe mit jeweils vier Meter Abstand voneinander Aufstellung nehmen zu lassen und sie allesamt an ein starkes Seil zu binden. Er wandte ein, dass die ersten drei Kilometer flach wie ein Brett seien und mehr als genug Platz böten und man vom Seil nur an sehr gefährlichen Stellen Gebrauch mache. Aber ich liess den Einwand nicht gelten. Meine Lektüre hatte mich gelehrt, dass viele schwere Unfälle in den Alpen nur darum geschehen waren, weil man die

Leute nicht früh genug angeseilt hatte; ich hatte nicht die Absicht, der Liste einen weiteren hinzuzufügen. Der Führer fügte sich daraufhin meiner Anweisung.

Als der Zug dann angeseilt und marschbereit in Rührt-euch-Haltung da stand, bot er einen Anblick, wie ich einen trefflicheren noch nicht gesehen hatte. Er war 936 Meter lang – fast ein Kilometer; alles ausser Harris und mir war zu Fuss, und jeder trug seinen grünen Schleier und seine blaue Schutzbrille und sein weisses Tuch um den Hut und seine Leine aufgerollt über der Schulter und quer über die Brust und seinen Eispickel im Gürtel und seinen Alpenstock in der linken Hand und seinen Regenschirm (zusammengerollt) in der rechten und seine Krücken an einer Schnur auf dem Rücken. Die Lasten der Packesel und die Hörner der Kühe waren mit Edelweiss und Alpenrosen geschmückt.

Ich und mein Reisebegleiter waren die einzigen Berittenen. Wir befanden uns auf dem gefährlichen Posten ganz hinten und waren mit sicheren Leinen an je fünf Bergführern festgebunden. Unsere Waffenträger trugen unsere Eispickel, Alpenstöcke und anderes Zubehör für uns. Wir hatten – aus Sicherheitsgründen – sehr kleine Esel als Reittiere gewählt; in Augenblicken der Gefahr konnten wir die Beine strecken und aufstehen und den Esel unter uns weitergehen lassen. Trotzdem kann ich dieses Tier nicht empfehlen – wenigstens nicht für reine Vergnügungsausflüge –, denn seine Ohren versperren die Aussicht. Ich und mein Reisebegleiter besassen zwar die vorschriftsmässige Bergsteigertracht, beschlossen jedoch, sie nicht anzuziehen. Aus Ehrerbietung gegenüber den zahreichen Reisenden beiderlei Geschlechts, die sich vor dem Hotel versammeln würden, um uns vorbeiziehen zu sehen, und aus Ehrerbietung gegenüber den vielen Touristen, denen wir bei unserer Expedition begegnen würden, beschlossen wir, den Aufstieg im Abendanzug zu unternehmen.

Fünfzehn Minuten nach vier erteilte ich den Befehl zum Abmarsch, und meine Untergebenen gaben ihn nach vorne durch. Die grosse Menschenmenge vor dem Hotel Monte Rosa teilte sich unter Hochrufen, als der Zug sich näherte, und als die Spitze vorbeidefilierte, kommandierte ich: «Abprotzen – fertig – hisst!» – und wie mit einer einzigen Bewegung ging ein Kilometer von Regenschirmen hoch. Es war ein wundervoller Anblick und eine vollkommene Überraschung für die Zuschauer. So etwas hatte man in den Alpen noch nicht gesehen. Der Beifall, den es hervorrief, erfreute mich zutiefst, und ich ritt mit gezogenem Zylinder vorbei, um meine Wertschätzung zu bezeugen. Anderes Zeugnis vermochte ich nicht zu geben, denn zum Sprechen war ich zu bewegt.

Wir tränkten die Karawane an dem kalten Bach, der am Ende des Dorfes durch einen Trog sprudelte, und bald danach liessen wir die Stätten der Zivilisation hinter uns. Gegen halb sechs trafen wir vor der Brücke ein, die die Visp überspannt, und nachdem wir eine Abteilung hinübergeworfen hatten, um festzustellen, ob sie hielt, überquerte die Karawane den Fluss ohne Zwischenfälle. Der Weg führte uns nun in leichtem Anstieg über frisches grünes Gras zur Kirche von Winkelmatten. Ohne mich mit einer Besichtigung dieses Bauwerks aufzuhalten, führte ich ein Flankenmanöver nach rechts aus und überquerte die Brücke über den Findelenbach, nachdem wir sie auf ihre Haltbarkeit hin geprüft hatten. Von hier aus schwenkte ich abermals nach rechts und betrat alsbald ein einladendes Stück Weideland, das bis auf ein paar verlassene Hütten am äussersten Ende leer stand. Diese Wiesen gaben einen vortrefflichen Lagerplatz ab. Wir schlugen unsere Zelte auf, assen, richteten einen Wachdienst ein, zeichneten die Ereignisse des Tages auf und gingen zu Bett.

Um zwei Uhr in der Frühe standen wir auf und kleideten uns bei Kerzenlicht an. Es war eine elende und frostige Angelegenheit. Ein paar Sterne leuchteten, aber der Himmel im allgemeinen war bedeckt und der gewaltige Schaft des Matterhorns in düstere Wolkenfahnen gehüllt. Der oberste Bergführer riet zum Verweilen; er sagte, er rechne mit Regen. Wir warteten bis neun Uhr und brachen dann bei einigermassen klarem Wetter auf.

Unser Weg führte uns einige fürchterliche Steilhänge hinauf, die dicht mit Lärchen und Zedern bewaldet waren und von Pfaden gekreuzt wurden, die der Regen ausgewaschen hatte, so dass sie voll hinderlicher loser Steine lagen. Doch nicht genug der Gefahr und Unbequemlichkeit – wir begegneten noch dazu dauernd zurückkehrenden Touristen zu Fuss oder zu Pferde, und nicht weniger beständig wurden wir von aufsteigenden Touristen bedrängt und hin- und hergestossen, die es eilig hatten und an uns vorbei wollten.

Es sollte noch schlimmer kommen. Um die Mitte des Nachmittags liessen die siebzehn Bergführer halten und hielten eine Beratung ab. Nachdem sie eine Stunde beraten hatten, blieb ihr anfänglicher Verdacht bestehen – das heisst, sie glaubten, dass sie sich verirrt hätten. Ich fragte sie, ob sie es nicht wüssten. Nein, sagten sie, sie könnten einfach nicht wissen, ob sie sich verirrt hätten oder nicht, da keiner von ihnen schon jemals zuvor in dieser Gegend gewesen sei. Ihr Instinkt sagte ihnen, dass sie sich verirrt hätten, aber sie hätten keine Beweise – ausser dass sie nicht wüssten, wo sie seien. Sie waren schon seit einer ganzen Zeit keinen Touristen mehr begegnet, und das hielten sie für ein verdächtiges Zeichen.

Da sassen wir wahrhaftig in einer bösen Klemme. Die Führer waren natürlich nicht gewillt, alleine loszuziehen und einen Ausweg aus der schwierigen Lage zu suchen, also machten wir uns alle zusammen auf. Der grösseren Sicherheit halber rückten wir langsam und vorsichtig vor, denn der Wald war sehr dicht. Wir marschierten nicht den Berg hinauf, sondern um ihn herum, nämlich in der Hoffnung, den alten Pfad wiederzufinden. Bei Einbruch der

Nacht, als wir fast vollkommen erschöpft waren, stiessen wir auf einen Felsblock, der war fast so gross wie eine Sennhütte. Dieses Hindernis nahm den Leuten den letzten Mut und Furcht und Verzweiflung griffen um sich. Sie jammerten und weinten und sagten, sie würden ihr Zuhause und ihre Lieben nie wiedersehen. Dann fingen sie an, mir dafür Vorwürfe zu machen, dass ich sie auf diese Expedition mitgenommen hatte. Einige stiessen sogar Drohungen gegen mich aus.

Dies war nicht die Zeit, Schwäche zu zeigen. Also hielt ich eine Rede, in der ich sagte, auch andere Alpenbesteiger hätten sich schon in solch einer gefährlichen Lage befunden und seien ihr doch mit Mut und Ausdauer entronnen. Ich versprach ihnen, dass ich ihnen zur Seite stehen würde, ich versprach ihnen, sie zu retten. Ich schloss mit dem Hinweis, dass wir ausreichend Vorräte für eine recht lange Belagerung hätten, und ob sie etwa glaubten, Zermatt werde einen Kilometer von Leuten mit Maultieren eine nennenswerte Zeitlang geheimnisvoll verschwinden lassen, einfach so vor der Nase weg, ohne Nachforschungen anzustellen? Nein, Zermatt würde Suchtrupps aussenden und uns retten.

Die Ansprache erzielte eine grosse Wirkung. Die Männer schlugen fast fröhlich ihre Zelte auf, und wir lagen behaglich eingerollt, als die Nacht sich über uns senkte. Nun heimste ich die Belohnung für meine kluge Voraussicht ein, die mich für einen Artikel sorgen liess, der in keinem anderen Buch über Abenteuer in den Alpen erwähnt wird, nur in diesem. Ich meine die Opiumtinktur. Ohne diese wohltätige Droge hätte keiner der Männer in dieser schrecklichen Nacht auch nur einen Augenblick geschlafen. Ohne diesen sanften Zwang hätten sie sich allesamt die ganze Nacht hindurch unruhig hin- und hergewälzt; denn der Whisky war für mich. O ja, sie wären untauglich für ihre Aufgabe am nächsten Morgen aufgestanden. So aber schliefen alle, nur mein Reisebegleiter und ich nicht – nur wir beide und die Büfettiers nicht. Ich gestatte es mir nicht, in solch einer Lage zu schlafen. Ich fühlte mich für das Leben aller dieser Leute verantwortlich. Ich wollte zur Hand und bereit sein, wenn eine Lawine kam. Ich weiss nun, dass es in der Gegend keine Lawinen gab, aber das wusste ich damals nicht.

Wir beobachteten das Wetter die ganze furchtbare Nacht hindurch und behielten das Barometer im Auge, um auf den geringsten Umschlag vorbereitet zu sein. Das Instrument zeigte während der ganzen Zeit auch nicht die winzigste Veränderung an. Worte können nicht beschreiben, welchen Trost ich in diesen sorgenvollen Stunden aus dem freundlichen, hoffnungsvollen, unerschütterlichen kleinen Ding schöpfte. Es war ein schadhaftes Barometer und hatte keine Zeiger ausser dem feststehenden aus Messing, aber das fand ich erst hinterher heraus. Sollte ich jemals wieder in solch eine Situation geraten, wünsche ich mir dieses Barometer und kein anderes.

Alle Mann standen um zwei Uhr in der Frühe auf und frühstückten, und sobald es hell wurde, seilten wir uns aneinander und gingen diesen Felsblock an. Eine Zeitlang versuchten wir unser Glück mit dem Hakenseil und anderen Möglichkeiten der Besteigung, jedoch ohne Erfolg – das heisst ohne wirklichen Erfolg. Der Haken blieb einmal hängen, und Harris kletterte Hand über Hand an dem Seil aufwärts, aber dann rutschte der Haken ab, und wenn nicht gerade ein Geistlicher unter Harris gesessen hätte, wäre er gewiss zum Krüppel geworden. So aber wurde es der Geistliche. Er griff zu seinen Krücken, und ich befahl, dass man das Hakenseil beiseite lege. Es war ein zu gefährliches Gerät, wenn so viele Leute umherstanden.

Eine Weile wussten wir nicht, was wir machten sollten; dann fielen jemandem die Leitern ein. Eine davon wurde an den Felsen gelehnt, und die Männer kletterten zu Paaren zusammengebunden an ihr hoch. Eine zweite Leiter wurde hinaufgereicht zum Gebrauch beim Abstieg. Nach einer halben Stunde war alles hinüber und der Felsen bezwungen. Wir erhoben unser erstes lautes Triumphgeschrei. Aber die Freude dauerte nicht lange, denn jemand fragte, wir wir die Tiere hinüberschaffen sollten.

Dies war eine ernste Schwierigkeit, ja, es war eine Unmöglichkeit. Sofort begann der Mut der Männer zu wanken; abermals drohte uns eine Panik. Aber als die Gefahr am allergrössten war, wurden wir auf wunderbare Weise gerettet. Ein Mautier, das schon von Anfang an Aufsehen erregt hatte wegen seiner Neigung zum Experimentieren, versuchte, einen Fünfpfundkanister Nitroglyzerin zu fressen. Dies geschah unmittelbar neben dem Felsblock. Die Explosion warf uns alle zu Boden und überschüttete uns mit Erde und Gesteinschutt; und einen heillosen Schrecken jagte sie uns noch dazu ein, denn der Krach, den sie machte, war ohrenbetäubend und die Erschütterung so heftig, dass die Erde unter uns bebte. Dennoch waren wir dankbar, denn der Felsblock war weg. Sein Platz wurde von einem etwa zehn Meter breiten und fünf Meter tiefen neuen Keller eingenommen. Die Explosion konnte man bis Zermatt hören, und anderthalb Stunden später wurden viele Bewohner dieses Städtchens von herabfallenden hartgefrorenen Maultierfleischbrocken niedergestreckt und ernstlich verletzt. Dies zeigt deutlicher als irgendeine Schätzung in Zahlen, wie hoch der Experimentierende flog.

Wir brauchten nun nur noch den Keller zu überbrücken und weiterzuziehen. Mit einem Hochruf machten die Männer sich an die Arbeit. Ich leitete die Konstruktion persönlich. Zunächst stellte ich eine starke Abteilung an, mit Eispickeln Bäume zu fällen und sie zu Stützpfeilern für die Brücke zurechtzukappen. Diese Arbeit ging nur langsam voran, denn Eispickel taugen nicht viel zum Holzhacken. Ich liess meine Pfeiler in Reihen fest in dem Keller aufrichten, und auf die Pfeiler legte ich dicht nebeneinander sechs von meinen zwölf Meter langen Leitern und auf die sechs noch einmal sechs. Über die Brücke liess ich ein Bett aus Zweigen breiten und auf die Zweige ein fünfzehn Zentimeter dickes Bett aus Erde. Ich spannte auf beiden Seiten Seile als Geländer, und dann war meine Brücke fertig. Ein Zug Elefanten hätte sie sicher und bequem überschreiten können. Bei Einbruch der Nacht waren alle Tiere der Karawane auf der anderen Seite und die Leitern wieder aufgenommen.

Am nächsten Morgen zogen wir eine Zeitlang guten Mutes weiter, obwohl unser Weg beschwerlich war und wir nur langsam vorwärts kamen, denn das Gelände war steil und steinig und der Wald sehr dicht; aber schliesslich breitete sich dumpfe Verzweiflung über die Gesichter der Männer aus, und es wurde offenbar, dass nicht nur sie, sondern sogar die Führer überzeugt waren, dass wir uns verirrt hatten. Die Tatsache, dass wir immer noch keinen Touristen begegneten, war ein nur allzu bedeutsamer Beweis. Ein anderer

Umstand schien darauf hinzudeuten, dass wir uns gründlich verirrt hatten; denn es mussten ganz gewiss inzwischen Suchtrupps unterwegs sein, aber bis jetzt hatten wir nichts davon gesehen.

Entmutigung griff um sich; es musste etwas geschehen, und zwar schnell. Zum Glück bin ich nicht unfruchtbar im Ersinnen von Hilfsmitteln. Ich dachte mir nun eins aus, das von allen begrüsst wurde, denn es sah erfolgversprechend aus. Ich nahm zwölfhundert Meter Seil, band ein Ende einem Bergführer um den Leib und trug ihm auf, loszugehen und den Weg zu suchen, während die Karawane zurückblieb und wartete. Ich wies ihn an, im Falle eines Fehlschlags mit Hilfe des Seils zu uns zurückzukehren; im Falle des Erfolgs sollte er mehrmals heftig an dem Seil rucken, woraufhin die Expedition sofort nachkommen würde. Er brach auf und war nach zwei Minuten zwischen den Bäumen verschwunden. Ich steckte die Leine persönlich aus, während alles gespannt das hinkriechende Ding beobachtete. Das Seil krabbelte manchmal recht langsam davon und manchmal auch ein bisschen munterer. Zweimal oder dreimal schien das Signal zu uns durchzukommen, und schon wollten die Männer in einen Jubelschrei ausbrechen, da merkten sie, dass es ein falscher Alarm war. Aber als schliesslich fast ein Kilometer Seil davongespurt war, hörte die Leine auf zu gleiten und stand vollkommen still – eine Minute – zwei Minuten – drei –, während wir darauf starrten und den Atem anhielten.

Machte der Führer Rast? Suchte er von einer hohen Stelle aus das Gelände ab? Erkundigte er sich bei einem zufällig dahergekommenen Bergsteiger? Halt – war er am Ende von einem Übermass an Erschöpfung und ängstlicher Sorge ohnmächtig geworden?

Der Gedanke jagte uns einen ganz schönen Schreck ein. Ich war gerade dabei, eine Expedition zu seiner Rettung auf den Weg zu schicken, da wurde mehrmals hintereinander mit solcher Besessenheit an dem Seil geruckt, dass ich es kaum festhalten konnte. Das Hurra, das sich da erhob, tat dem Herzen wohl. «Gerettet! Gerettet!» war das Wort, das von einem Ende der Karawane bis zum anderen widerhallte.

Wir erhoben uns und marschierten sofort ab. Eine Weile war der Weg recht gut, aber dann wurde er allmählich beschwerlich und dann immer beschwerlicher. Als wir unserer Schätzung nach etwa achthundert Meter hinter uns gebracht hatten, rechneten wir damit, jeden Augenblick den Führer vor uns zu erblicken; aber nein, er war nirgends zu sehen; und er wartete auch nicht auf uns, denn das Seil bewegte sich immer noch, also rückte er auch noch vor. Dies liess vermuten, dass er den richtigen Weg doch noch nicht gefunden hatte, sondern mit irgendeinem Bauern daraufzumarschierte. Uns blieb nichts anderes übrig als weiterzustapfen, und dies taten wir denn auch. Nach drei Stunden stapften wir immer noch. Das war nicht nur rätselhaft, sondern auch erbitternd. Und dazu noch sehr ermüdend, denn anfangs hatten wir mit aller Kraft versucht, den Führer einzuholen, und uns dabei vergeblich abgearbeitet; denn er marschierte zwar langsam, kam aber in diesem Gelände doch immer noch schneller vorwärts als die behinderte Karawane.

Um drei Uhr nachmittags waren wir fast zu Tode erschöpft – und immer noch glitt das Seil langsam davon. Das Murren gegen den Führer war beständig angewachsen und wurde schliesslich laut und wütend. Eine Meuterei brach aus. Die Männer weigerten sich, noch einen Schritt weiterzugehen. Sie erklärten, wir seien den ganzen Tag lang immer wieder durch dasselbe Gelände gezogen, gleichsam im Kreis. Sie forderten, dass das Seil an unserem Ende an einem Baum festgemacht werde, damit wir den Führer zum Halten brächten, bis wir ihn einholen und erschlagen könnten. Das war keine unbillige Forderung, also gab ich den Befehl dazu.

Sobald die Leine festgebunden war, marschierte die Expedition weiter – mit jener Bereitwilligkeit, die der Durst nach Rache gewöhnlich mit sich bringt. Aber nach einem beschwerlichen Marsch von fast einem Kilometer stiessen wir auf einen Berg, der dick mit zerbröckelndem Felsgeröll bedeckt und so steil war, dass keiner von uns allen ihn in der Verfassung, in der wir uns nun befanden, erklettern konnte. Jeder Versuch schlug fehl und endete damit, dass jemand Schaden an seinen Gliedern erlitt. Nach zwanzig Minuten hatte ich fünf Leute an Krücken. Sooft ein Kletterer versuchte, sich an dem Seil hochzuziehen, rutschte es weg und liess ihn rücklings abstürzen. Die Häufigkeit dieses Ergebnisses brachte mich auf eine Idee. Ich kommandierte «Ganze Abteilung – kehrt!» und liess die

Karawane in Marschordnung Aufstellung nehmen. Dann machte ich das Schleppseil an dem letzten Maultier fest und gab das Kommando:

«Im Gleichschritt – halbrechts schwenkt – vorwärts – Marsch!»

Der Zug setzte sich in Bewegung, und ich dachte bei mir: Wenn das Seil nicht reisst, dann wird das ja wohl diesen Führer ins Lager zurückholen! Ich beobachtete das herabgleitende Seil und plötzlich, als ich schon ganz auf Triumph eingestimmt war, sah ich mich einer herben Enttäuschung gegenüber; kein Führer hing am Ende des Seils, sondern ein entrüsteter alter Ziegenbock. Die Wut der verblüfften Expedition überstieg jedes Mass. Die Leute wollten sogar ihre vernunftlose Rache an der unschuldigen stummen Kreatur üben. Aber ich stellte mich zwischen sie und ihre Beute, von einer starken Wand aus Eispickeln und Alpenstöcken bedroht, und verkündete, dass es nur einen Weg zu diesem Mord gebe, und der führe geradewegs über meine Leiche. Aber als ich noch sprach, sah ich schon, dass mein Schicksal besiegelt war, es sei denn, ein Wunder griffe ein und hielte diese Wahnsinnigen von ihrem unmenschlichen Vorhaben ab. Noch heute sehe ich diese widerwärtige Wand von Waffen vor mir; ich sehe diese vorrückende Heerschar, wie ich sie damals sah, ich sehe den Hass in diesen grausamen Augen; ich erinnere mich, wie ich meinen Kopf auf die Brust sinken liess, ich fühle erneut den erdbebengleichen Stoss in mein Hinterviertel, der mir von demselben Ziegenbock beigebracht wurde, den ich retten wollte, indem ich mich für ihn opferte; ich höre abermals den Taifun des Gelächters, der aus der angreifenden Kolonne hervorbarst, als ich sie vom Voraustrupp bis zur Nachhut wie ein Kanonenschuss zerteilte.

Ich war gerettet. Ja, ich war gerettet, gerettet durch den barmherzigen Instinkt der Undankbarkeit, den die Natur in die Brust dieses heimtückischen Tieres eingepflanzt hatte. Die Gnade, die Beredsamkeit nicht in den Herzen dieser Männer hatte wecken können, war von einem Lachen geweckt worden. Der Ziegenbock wurde freigelassen und mein Leben geschont.

Hinterher fanden wir heraus, dass dieser Führer uns im Stich gelassen hatte, sobald er einen knappen Kilometer voraus war. Damit kein Verdacht aufkam, hatte er sich gesagt, dass es das beste sei, wenn das Seil sich weiterbewegte; also fing er den Ziegenbock ein, und als er auf ihm hockte und das Seil an ihm festband, das waren die Minuten, da wir glaubten, er liege, von Erschöpfung und Elend überwältigt, ohnmächtig darnieder. Als er dann den Ziegenbock wieder losliess, raste der hin und her in dem Bemühen, sich von dem Seil zu befreien, und das war das Signal, dem zu folgen wir uns unter allerhand Freudenrufen erhoben hatten. Wir waren den ganzen Tag über im Kreis hinter diesem Ziegenbock hergelaufen – eine Vermutung, die durch die Entdeckung bewiesen wurde, dass wir die Expedition in sieben Stunden siebenmal an ein und derselben Quelle getränkt hatten. Als erfahrener Waldläufer, der ich bin, hätte mir das auffallen müssen, aber es war mir irgendwie entgangen, bis meine Aufmerksamkeit durch eine Sau darauf gelenkt wurde. Diese Sau wälzte sich jedesmal an der Quelle im Schlamm, und da sie die einzige Sau war, die wir sahen, brachten mich ihr häufiges Auftauchen und dazu ihre niemals sich ändernde Ähnlichkeit mit sich selber auf den Gedanken, dass sie dieselbe Sau sein musste, und dies wiederum führte mich zu dem Schluss, dass es ebenfalls dieselbe Quelle sein musste – was dann auch tatsächlich zutraf.

Ich notiere mir diese Merkwürdigkeit, zeigte sie doch aufs erstaunlichste den Unterschied zwischen dem Verhalten eines Gletschers und dem Verhalten eines Schweines. Es gilt heute als fest erwiesen, dass Gletscher wandern; ich bin der Ansicht, dass meine Beobachtungen mit ebensogrosser Schlüssigkeit beweisen, dass ein Schwein in einer Quelle nicht wandert. Es würde mich freuen, hierzu die Meinungen anderer Beobachter zu erfahren.

Um noch einmal kurz zu diesem Bergführer zurückzukehren – und dann ist er für mich erledigt. Nachdem er den Ziegenbock an das Seil gebunden hatte, war er eine Weile ziellos umhergeirrt und dann zufällig auf eine Kuh gestossen. In der Vermutung, dass eine Kuh sich natürlich besser auskennen würde als er, packte er sie beim Schwanz, und das Ergebnis gab seiner Vermutung recht. Die Kuh knabberte sich gemächlich bergabwärts, bis die Zeit zum Melken näherrückte; dann machte sie sich auf den Heimweg und zog ihn im Schlepp nach Zermatt.

An dieser Stelle mitten in der Wildnis, zu der der Ziegenbock uns geführt hatte, schlugen wir unser Lager auf. Die Leute waren sehr, sehr erschöpft. Die Überzeugung, dass wir uns verirrt hatten, schwand über einem tüchtigen Abendschmaus dahin, und bevor die Reaktion auch nur eine Chance hatte, einzusetzen, lud ich die Männer mit Opiumtinktur auf und steckte sie ins Bett.

Am nächsten Morgen war ich gerade dabei, unsere verzweifelte Situation zu überdenken und mir einen Ausweg einfallen zu lassen, da kam Harris mit einer Baedekerkarte, die überzeugend dartat, dass der Berg, auf dem wir uns befanden, noch in der Schweiz lag – ja, er lag ganz in der Schweiz. Wir hatten uns also doch nicht verirrt. Das war eine ungeheure Erleichterung – es nahm mir die Last zweier solcher Berge von der Seele. Ich liess die Nachricht sofort ausstreuen und die Karte für jedermann sichtbar anschlagen. Die Wirkung war wundervoll. Sobald die Leute mit ihren eigenen Augen sahen, dass sie wussten, wo sie waren, und dass nicht sie selber, sondern nur der Gipfel abhanden gekommen war, wurden sie fröhlich und guter Dinge und sagten einstimmig, der Gipfel möge sehen, wo er bleibe, seine Verlegenheiten interessierten sie nicht.

Nun, da unsere Not ein Ende hatte, beschloss ich, den Leuten eine Ruhepause im Lager zu gönnen und gleichzeitig der wissenschaftlichen Abteilung eine Gelegenheit zur Forschungsarbeit zu geben. Zuerst las ich den Barometerdruck ab, um unsere Höhe zu bestimmen, aber von einem Resultat konnte nicht recht die Rede sein. Aus meiner Lektüre wissenschaftlicher Werke wusste ich, dass entweder Thermometer oder Barometer abgekocht werden müssen, wenn sie genau anzeigen sollen; ich wusste nicht, welches von den beiden, also kochte ich beide. Immer noch kein Resultat. Darauf untersuchte ich die Instrumente und entdeckte, dass sie mit Mängeln behaftet waren: das Barometer hatte keinen Zeiger, nur den feststehenden Messingpfeil, und die Kugel des Thermometers war mit Silberpapier vollgestopft. Ich hätte beide zu Fetzen kochen können, ohne auch nur zu dem geringsten Ergebnis zu kommen.

Ich spürte ein anderes Barometer auf; es war neu und völlig in Ordnung. Ich kochte es eine halbe Stunde in einem Topf mit Bohnensuppe, die gerade von den Köchen zubereitet wurde. Das Ergebnis war überraschend: das Instrument blieb gänzlich unbeeinflusst, aber die Suppe hatte einen solch starken Barometergeschmack, dass der Chefkoch, der ein ausserordentlich gewissenhafter Mensch war, ihren Namen auf dem Speisezettel änderte. Das Gericht mundete allen so sehr, dass ich dem Koch befahl, fortan jeden Tag Barometersuppe zu kochen. Man machte geltend, dass das Barometer nach einer Weile Schaden nehmen könne, aber das war mir ganz gleich. Ich hatte zu meiner Zufriedenheit demonstriert, dass es nicht anzeigen konnte, wie hoch ein Berg war, und damit war es für mich eigentlich nutzlos. Wetterumschläge konnte ich auch ohne Barometer voraussehen; ich wollte nicht wissen, wann das Wetter gut werden würde, sondern wann es schlecht werden würde, und das las ich an Harris' Hühneraugen ab. Harris hatte seine Hühneraugen am staatlichen Observatorium in Heidelberg prüfen und adjustieren lassen, und man konnte sich vertrauensvoll auf sie verlassen. Also gab ich das neue Barometer an die Küche zur Verwendung für die Messe der Expeditionsleitung. Es stellte sich heraus, dass sogar mit dem defekten Barometer eine durchaus essbare Suppe hergestellt werden konnte; also gab ich die Erlaubnis, dass man dieses der Untergebenenkantine überliess.

Sodann kochte ich das Thermometer und erhielt ein ganz vorzügliches Resultat; das Quecksilber kletterte auf 90° Celsius. Nach Ansicht der anderen Wissenschaftler unserer Expedition zeigte dies an, dass wir die ungewöhnliche Höhe von 70 000 m über dem Meeresspiegel erklommen hatten. Die Wissenschaft setzt die Grenze des ewigen Schnees bei etwa 3000 m über den Meeresspiegel an. Es lag kein Schnee, wo wir waren, folglich durfte als bewiesen gelten, dass die Grenze des ewigen Schnees irgendwo in etwa 3000 m Höhe aufhört und nicht wieder anfängt. Dies war ein interessantes Faktum und dazu noch eins, das noch von keinem Beobachter zuvor beobachtet worden war. Und es war nicht nur interessant, sondern auch wertvoll, denn dank dieses Tatbestands würde man die verlassenen Gipfel der höchsten Alpenberge der Besiedlung und Beackerung zugänglich machen können. Hier zu sein, erfüllte uns mit Stolz, aber es schmerzte uns zu denken, dass wir ohne den Ziegenbock noch 70 000 m höher hätten sein können.

Der Erfolg meines letzten Experimentes verleitete mich dazu, ein Experiment mit meinem photographischen Zubehör zu machen. Ich holte es heraus und kochte einen von den Apparaten, aber die Sache war ein Fehlschlag: das Holz quoll auf und platzte, und die Linsen sahen eigentlich auch nicht besser aus als vorher.

Ich beschloss nun, einen Führer zu kochen. Vielleicht würde er besser davon, jedenfalls würde es seine Nützlichkeit nicht schmälern können. Aber es war mir nicht vergönnt, dieses Experiment durchzuführen. Führer haben keinen Sinn für die Wissenschaft, und dieser wollte nicht seine Zustimmumg dazu geben, dass man ihn in ihrem Interesse Unerfreulichkeiten unterzog.

Inmitten meiner wissenschaftlichen Arbeit ereignete sich einer von diesen unnötigen Unfällen, wie sie immer wieder unter den Unwissenden und Gedankenlosen vorkommen. Ein Träger schoss auf eine Gemse und verfehlte sie und verwundete den Latinisten. Dies war für mich nichts Ernstes, kann doch ein Latinist seiner Aufgabe an Krücken ebensogut nachkommen wie ohne Krücken. Aber es blieb der Umstand, dass es ein Maultier erwischt hätte, wenn der Latinist nicht im Wege gewesen wäre. Das wäre schon eine recht andere Sache gewesen, denn wenn man nach dem vergleichsweisen Wert fragt, dann besteht ein fühlbarer Unterschied zwischen einem Latinisten und einem Maultier. Ich konnte nicht darauf bauen, dass jedesmal ein Latinist an der richtigen Stelle stehen würde; um also sicherzugehen, befahl ich, dass in Zukunft die Gemsen innerhalb des Lagers mit keiner anderen Waffe als dem Zeigefinger gejagt würden.

Meine Nerven hatten sich nach dieser Angelegenheit kaum beruhigt, da traf sie auch schon der nächste Schlag, und zwar einer, der mir einen Augenblick lang allen Mut nahm: Ein Gerücht lief plötzlich durch das Lager, dass einer von den Büfettiers über eine Felskante abgestürzt sei!

Es stellte sich jedoch heraus, dass es sich nur um einen Geistlichen handelte. Ich hatte für genügend Ersatz bei den Geistlichen gesorgt, und zwar ausdrücklich, um auf Fälle dieser Art vorbereitet zu sein, war jedoch – ein unerklärliches Versehen – mit einem recht knapp bemessenen Büfettiertrupp aufgebrochen.

Am nächsten Morgen zogen wir erfrischt und guten Mutes weiter. Ich erinnere mich an diesen Tag mit besonderem Vergnügen, denn in seinem Verlauf sollte uns unser Weg wiedergeschenkt werden. Ja, wir fanden den Weg wieder, und zwar auf die ausserordentlichste Weise. Wir waren etwa zweieinhalb Stunden einhergestapft, da stiessen wir auf ein schieres Felsmassiv von etwa sieben Meter Höhe. Diesmal bedurfte ich nicht der Unterweisung durch ein Maultier. Ich kannte mich allmählich besser aus als jedes Maultier der Expedition. Ich brachte unverzüglich eine Ladung Dynamit an und sprengte diesen Felsen aus dem Weg. Aber zu meiner Überraschung und zu meinem Verdruss musste ich feststellen, dass obenauf eine Sennhütte gestanden hatte.

Ich hob alle Mitglieder der Familie auf, die in meiner Nähe niederfielen, und Subordinierte meines Korps sammelten den Rest ein. Keiner von diesen unglücklichen Leuten war zum Glück verletzt, aber sie waren alle sehr, sehr ärgerlich. Ich erklärte dem rangältesten Sennhüttler genau, wie die Geschichte passiert war, und dass ich nur nach dem Weg suchte und ihm ganz gewiss rechtzeitig Bescheid gesagt hätte, wenn mir bewusst gewesen wäre, dass er oben auf dem Felsen sass. Ich sagte ihm, dass es nicht böse gemeint gewesen sei und dass ich hoffte, in seiner Wertschätzung nicht gesunken zu sein, nur weil ich ihn meinerseits einige Klafter in die Luft gehoben hätte. So sprach ich noch manch verständiges Wort, und nachdem ich ihm angeboten hatte, die Sennhütte wieder aufzubauen und den Bruch zu bezahlen und den Keller noch dazuzugeben, war er schliesslich besänftigt und zufrieden. Vorher hatte er überhaupt keinen Keller gehabt; nun würde er zwar nicht so eine schöne Aussicht haben wie zuvor, aber was er an Aussicht eingebüsst hatte, hatte er an Keller gewonnen, und zwar genau. Er sagte, solch ein Loch gebe es im ganzen Gebirge nicht noch einmal – und er hätte recht gehabt, wenn das hingegangene Maultier nicht versucht hätte, unser Nitroglyzerin zu fressen.

Ich stellte hundertsechzehn Mann ab, und sie bauten die Sennhütte aus ihren eigenen Trümmern in fünfzehn Minuten wieder auf. Sie sah sehr viel malerischer aus als zuvor. Der Mann sagte, wir befänden uns nun auf dem Fälli-Stutz oberhalb Schweigmatten – eine

Auskunft über die ich herzlich froh war, zeigte sie uns doch unsere Position mit einem Grad der Genauigkeit, an den wir schon seit einem Tag oder noch länger nicht mehr gewöhnt waren. Wir erfuhren ausserdem, dass wir am Fuss des eigentlichen Riffelberges standen und dass damit das Anfangskapitel unseres Werkes vollendet war.

Es bot sich uns an dieser Stelle ein herrlicher Ausblick auf die kraftsprühende Visp, die dort unter einem riesigen Bogen aus schierem Eis hervor, den sie durch die Fusswand des grossen Gorner-Gletschers gespült hat, ihren ersten Sprung in die Welt macht; und auch den Furggenbach konnten wir sehen, den Abfluss des Furggen-Gletschers.

Der Maultierpfad zum Gipfel des Riffelberges führte genau vor der Sennhütte vorbei, ein Umstand, den wir fast augenblicklich bemerkten, denn eine nahezu ununterbrochene Prozession von Touristen zog darauf einher. Des Senners Beruf bestand darin, den Reisenden mit Erfrischungen aufzuwarten. Meine Sprengung hatte sein Geschäft für ein paar Minuten lahmgelegt, indem sie sämtliche Flaschen im Haus zu Bruch gehen liess; aber ich gab dem Mann eine Menge Whisky, den er als Alpensekt verkaufen konnte, und eine Menge Essig, der recht gut den Rheinwein vertrat, und folglich blühte das Geschäft schon bald wieder so munter wie eh und je.

Ich liess die Expedition draussen, wo sie rasten konnte, und quartierte mich zusammen mit Harris in der Sennhütte ein, denn ich wollte vor Fortsetzung des Aufstiegs meine Tagebuchnotizen und wissenschaftlichen Beobachtungen korrigieren.

Ich liess die Karawane alsbald in Marschordnung antreten, und nachdem ich einmal an der Kolonne auf- und abgeritten war, um mich zu vergewissern, dass sie richtig aneinandergeseilt war, gab ich den Befehl zum Weitermarsch. Nach kurzer Zeit führte uns der Weg in ein offenes, grasbewachsenes Gelände. Wir befanden uns nun oberhalb des lästigen Waldes und erfreuten uns eines unbehinderten Blicks auf den genau vor uns liegenden Gipfel – den Gipfel des Riffelberges.

Wir folgten dem Maultierpfad, einem Zickzackkurs, nun nach links und nun wieder nach rechts, aber immerzu aufwärts und immerzu bedrängt und belästigt von langen Reihen aufsteigender und absteigender unbesonnener Touristen, die in keinem einzigen Falle aneinandergebunden waren. Ich war gezwungen, die äusserste Bedachtsamkeit walten zu lassen, denn an vielen Stellen war der Weg keine zwei Meter breit, und oft fiel an der talwärts gelegenen Seite der schräge Felsenhang zweieinhalb oder gar drei Meter tief ab. Ich musste den Männern immerzu Mut zusprechen, damit sie nicht ganz ihrer unmännlichen Furcht erlagen.

Wir hätten den Gipfel vielleicht noch vor Einbruch der Nacht erreicht, wenn wir nicht durch den Verdacht eines Regenschirmes aufgehalten worden wären. Ich war dafür, den Regenschirm als verloren zu betrachten und damit gut, aber die Leute murrten, und zwar nicht ohne Grund, denn in diesem offenen Gelände war ein Schutz gegen Lawinen ganz besonders vonnöten; also liess ich das Lager aufschlagen und stellte einen starken Trupp frei, der nach dem fehlenden Ausrüstungsstück suchen sollte.

Die Schwierigkeiten des nächsten Morgens waren gross, aber unser Mut war grösser, denn unser Ziel rückte nahe. Um die Mittags-

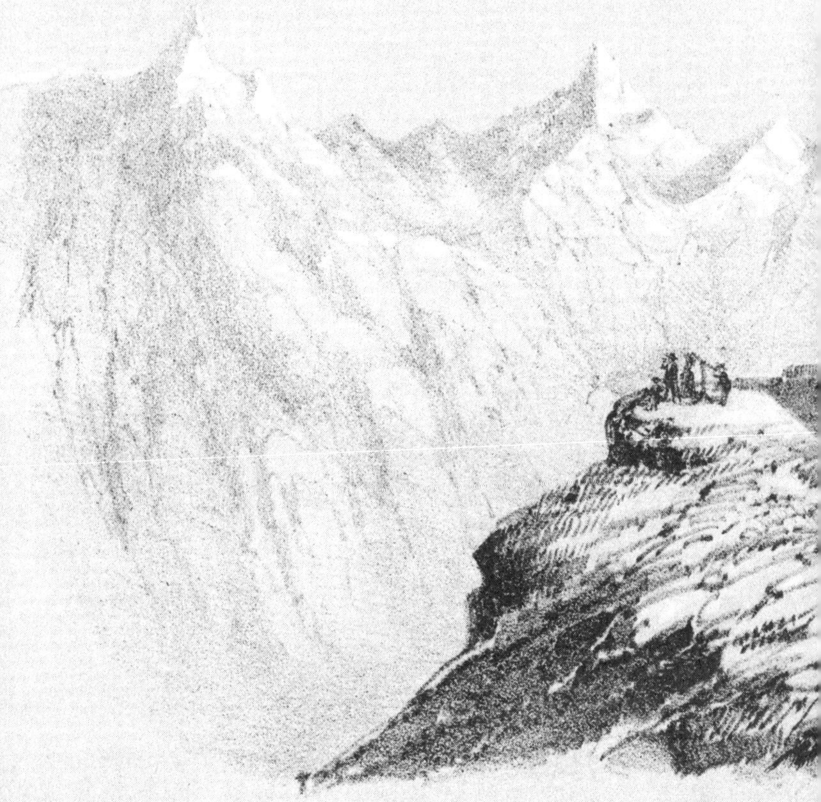

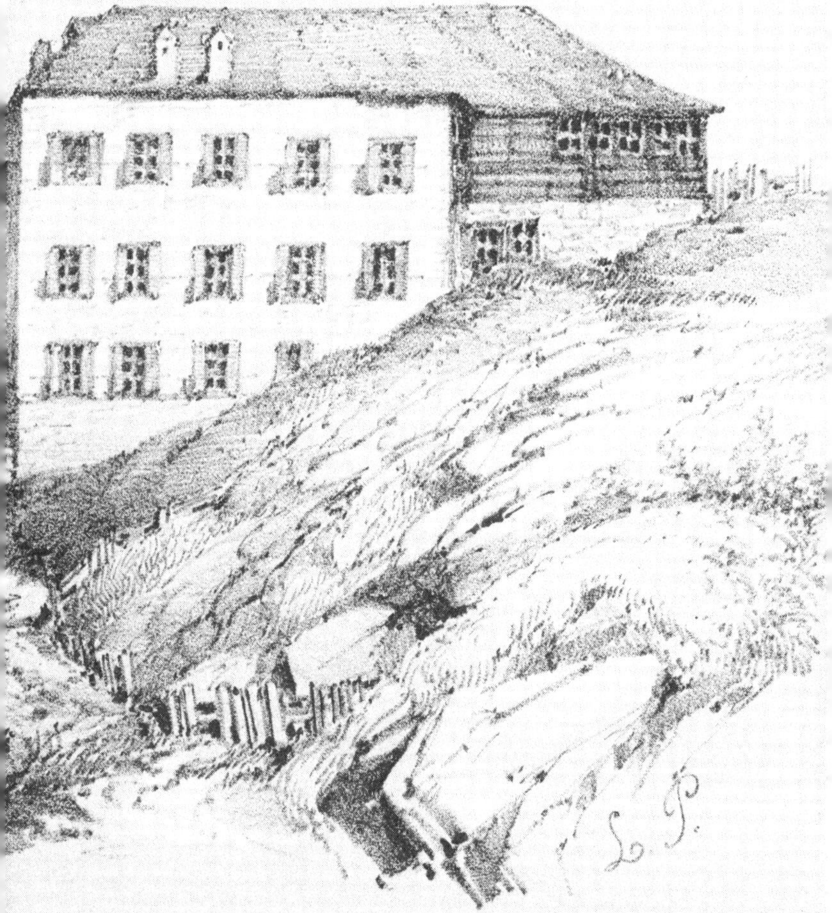

zeit bezwangen wir das letzte Hindernis, dann standen wir endlich und wirklich auf dem Gipfel, und zwar ohne einen einzigen Mann verloren zu haben, das Maultier, das den Sprengstoff frass, ausgenommen. Unsere Grosstat war getan – die Möglichkeit des Unmöglichen war bewiesen worden, und Harris und ich zogen stolz in den grossen Speisesaal des Riffelberg-Hotels ein und stellten unsere Alpenstöcke in die Ecke.

Jawohl, ich hatte den grossen Aufstieg unternommen; aber es war ein Fehler gewesen, ihn im Abendanzug zu machen. Die Zylinder waren verbeult, die Frackschösse flatterten in Fetzen, der Schmutz bedeutete keine Zierde, der allgemeine Eindruck war unerfreulich und sogar unschicklich.

Etwa fünfundsiebzig Touristen befanden sich zu der Zeit im Hotel – hauptsächlich Damen und kleine Kinder –, und sie empfingen uns voller Bewunderung, was uns für alle Entbehrungen und Leiden entschädigte. Der Aufstieg war geschafft, und die Namen und die Daten stehen nun dort auf einem Gedenkstein verzeichnet, der es allen zukünftigen Reisenden beweist.

Ich kochte ein Thermometer ab und stellt die Höhe fest. Das Resultat war höchst verwunderlich: der Gipfel lag nicht so hoch wie die Stelle am Hang, an der ich die erste Höhenmessung vorgenommen hatte. Da ich vermutete, eine wichtige Entdeckung gemacht zu haben, schickte ich mich an, sie zu überprüfen. Es traf sich, dass über dem Hotel ein noch höherer Gipfel aufragte, der sogenannte Gornergrat, und trotz der Tatsache, dass er sich in schwindelnder Höhe über einem Gletscher erhebt und der Aufstieg schwierig und gefährlich ist, beschloss ich, mich dort hinaufzuwagen und ein Thermometer zu kochen.

Also schickte ich unter der Führung zweier leitender Expeditionsmitglieder einen starken Trupp mit geborgten Hacken aus, der den ganzen Weg hinauf eine Treppe ins Erdreich hieb, und auf dieser Treppe unternahm ich, an die Führer geseilt, den Aufstieg. Diese windige Höhe war der eigentliche Gipfel – ich vollbrachte also noch mehr, als ich mir ursprünglich vorgenommen hatte. Von diesem tollkühnen Unternehmen zeugt ein zweiter Gedenkstein.

Ich kochte mein Thermometer, und tatsächlich – es erwies sich, dass diese Stelle, die dem Anschein nach etwa siebenhundert Meter höher als das Hotel lag, in Wirklichkeit dreitausend Meter tiefer lag. Also war eindeutig bewiesen: Je höher oberhalb eines bestimmten Punktes ein Punkt zu liegen scheint, desto tiefer liegt er in Wirklichkeit. War schon unser Aufstieg an sich eine Heldentat – unvorstellbar grösser noch war dieser Beitrag zur Wissenschaft.

Spitzfindler werden einwenden, dass Wasser bei immer niedrigerer Temperatur zu kochen beginnt, je höher man hinaufsteigt, und dass sich daraus die scheinbare Anomalie erkläre. Ich gebe zur Antwort, dass ich meine Theorie nicht auf das gründe, was das kochende Wasser tut oder lässt, sondern was ein gekochtes Thermometer anzeigt. Am Thermometer ist nicht zu rütteln.

Ich hatte von dieser Höhe eine herrliche Aussicht auf den Monte Rosa und allem Anschein nach auf die ganze übrige Alpenwelt. Der Horizont war rundum ein hochgetürmter, mächtiger Wirrwarr schneebedeckter Kämme. Man hätte glauben können, die Zelte einer belagernden Heerschar von Brobdingnagiern vor sich zu sehen.

Aber für sich allein und beherrschend und unübertrefflich erhob sich der wundervolle aufrechte Keil des Matterhorns. Seine steilen Hänge waren mit Schnee überpudert, und die obere Hälfte verbarg sich in dichten Wolken, die sich hin und wieder zu einem spinnwebfeinen Vorhang auflösten, durch den einen Augenblick lang der achtunggebietende Turm wie durch einen Schleier sichtbar wurde. Ein wenig später nahm das Matterhorn Ähnlichkeit mit einem Vulkan an*; es war nackt bis zum Scheitel, und um diesen kreisten gewaltige weisse Wolkenkränze, die sich langsam dehnten und schräg zur Sonne hoch davonzogen – wohl dreissig Kilometer quirlenden, sich wälzenden Dampfes, der genauso aussah, als entströme

---

* Ich hatte das seltene Glück, das Matterhorn einen flüchtigen Augenblick lang von Wolken vollkommen unbehindert zu erhaschen. Sofort richtete ich meinen Photoapparat darauf, und es wäre ein grossartiges Bild geworden, wenn sich mein Esel nicht eingemischt hätte. Es war meine Absicht, diese Photographie ganz allein für mein Buch zu zeichnen, aber ich stellte fest, dass Landschaft nicht meine starke Seite ist, und sah mich daher gezwungen, den Bergteil einem Künstler vom Fach anzuvertrauen.

er einem Krater. Wiederum eine Weile später war die eine Seite des Berges sauber und klar und die andere vom Fuss bis zum Gipfel in dichte rauchähnliche Wolken gehüllt, die hoch oben ausfiederten und um die scharfen Kanten des Schaftes geblasen wurden wie Qualm um die Ecken eines brennenden Hauses. Das Matterhorn experimentiert ununterbrochen und erzielt auch immerzu die schönsten Wirkungen. Bei Sonnenuntergang, wenn die ganze niedere Welt bleich in der Finsternis daliegt, zeigt es aus dem durchdringenden Dunkel wie ein Feuerfinger zum Himmel. Bei Sonnenaufgang – nun, es heisst, das Matterhorn sei sehr schön bei Sonnenaufgang.

Meine Gewährsleute stimmen darin überein, dass man von keiner anderen zugänglichen Stelle aus eine solch gewaltige «Anlage» schneeiger alpiner Grösse und Erhabenheit überblicken könne wie die, die der Reisende auf dem Gipfel des Riffelberges vor sich sieht. Darum möge der Reisende sich anseilen und dort hinaufsteigen; denn ich habe bewiesen, dass es mit Mut, Umsicht und Besonnenheit zu schaffen ist.

Ich möchte hier noch – in Paranthese, sozusagen – eine Bemerkung anfügen, zu der mich das Wort «schneeig» drängt, das ich soeben benutzt habe. Wir haben alle schon Hügel und Berge und Ebenen mit Schnee darauf gesehen und glauben daher, wir kennen alle Aspekte, die der Schnee bietet, und alle Wirkungen, die er erzielen kann. Aber dem ist durchaus nicht so, bevor wir nicht die Alpen gesehen haben. Möglich, dass Masse und Entfernung etwas dazutun – fest steht jedenfalls, dass hier tatsächlich etwas hinzutritt. So ist zum Beispiel der Alpenschnee in der Ferne, wenn die Sonne auf ihn scheint, von einem blendenden, eindringlichen Weiss, das man als eigentümlich und dem Auge unvertraut erkennt. Der Schnee, an den man gewöhnt ist, zeigt eine ganz leichte Schattierung – Maler geben ihm meistens einen Stich ins Blaue –, nicht so jedoch der ferne Alpenschnee, wenn er bemüht ist, sich von der allerweissesten Seite zu zeigen; an ihm ist nicht die geringste farbliche Tönung wahrzunehmen. Und was seine unvorstellbare Pracht betrifft, wenn die Sonne auf ihn niederflammt – nun, sie ist einfach unvorstellbar.

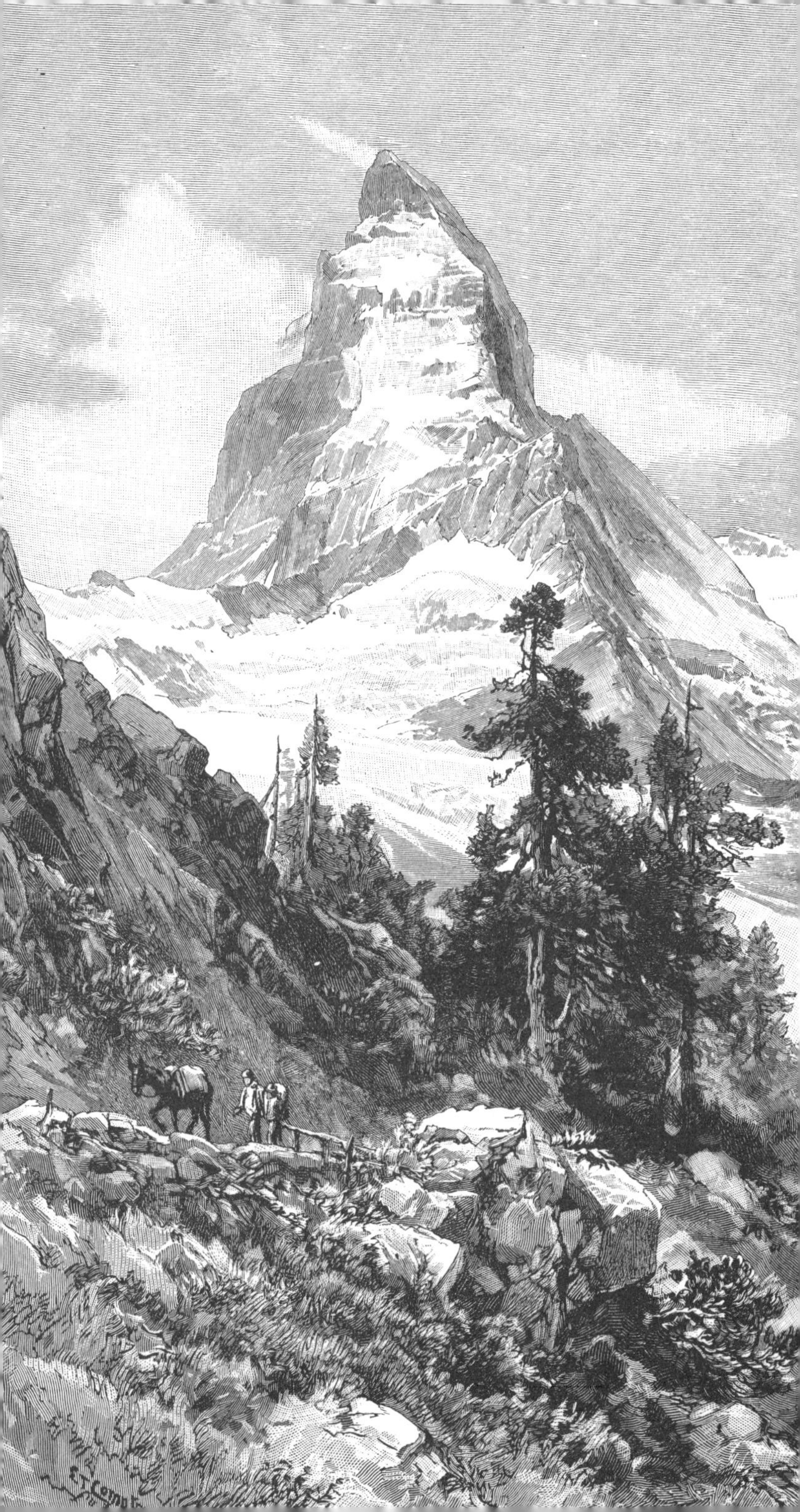

Mit einem Reiseführer ist es etwas Merkwürdiges. Der Leser hat soeben miterlebt, was jemand durchzustehen hat, der den grossen Aufstieg von Zermatt zum Riffelberg unternimmt. Baedeker jedoch macht folgende seltsame Angaben über dieses Unternehmen:
1. Entfernung – drei Stunden.
2. Den Weg kann man nicht verfehlen.
3. Führer nicht nötig.
4. Entfernung vom Riffelberg-Hotel zum Gornergrat – eineinhalb Stunden.
5. Aufstieg einfach und leicht. Führer nicht nötig.
6. Zermatt, Höhe über dem Meeresspiegel: 1611 m.
7. Riffelberg-Hotel, Höhe über dem Meeresspiegel: 2570 m.
8. Gornergrat, Höhe über dem Meeresspiegel: 3089 m.

Ich habe diese Irrtümer recht wirksam abgewürgt, indem ich ihm, Baedeker, die folgenden bewiesenen Tatsachen mitteilte:
1. Entfernung von Zermatt zum Riffelberg-Hotel – 7 Tage.
2. Man kann den Weg verfehlen. Falls ich der erste sein sollte, dem es gelang, dann möchte ich auch, dass es mir angerechnet wird.
3. Führer sind durchaus nötig, denn nur ein Einheimischer kann diese Wegweiser lesen.
4. Die Schätzung der verschiedenen Höhen über dem Meeresspiegel ist ziemlich korrekt – für Baedeker. Er verschätzt sich nur um etwa 51 900 bzw. 27 450 m.

Meine Arnika erwies sich als unschätzbar. Meine Männer litten qualvoll unter der Reibung des zu vielen Sitzens. Während zwei oder gar drei Tagen war keiner von ihnen zu etwas anderem fähig, als sich hinzulegen oder umherzugehen; aber so wirksam war die Arnika, dass am vierten Tag alle wieder sitzen konnten. Ich stehe nicht an zu behaupten, dass ich den Erfolg unseres grossen Unternehmens mehr als allem anderen der Arnika und der Opiumtinktur verdanke.

Nachdem meine Männer nun wieder bei Gesundheit und Kräften waren, erhob sich für mich die grosse Frage, wie ich sie wieder von dem Berg herunterbekommen sollte. Ich war nicht willens, die braven Kerle nochmals den Gefahren, Mühsalen und Plagen jener fürchterlichen Strecke auszusetzen, wenn es sich nur eben vermeiden liess. Zuerst dachte ich an Ballons; aber diese Idee musste ich natürlich aufgeben, denn Ballons konnten nicht beschafft werden. Ich dachte an verschiedene andere Beförderungsmittel, liess sie aber bei näherer Überlegung alle wieder fallen – aus nämlichem Grund. Aber schliesslich stiess ich auf die Lösung des Problems. Mir war bekannt, dass das Wandern der Gletscher feststeht, denn ich hatte es im Baedeker gelesen; also beschloss ich, mich zur Fahrt nach Zermatt auf dem grossen Gorner-Gletscher einzuschiffen.

Vortrefflich. Die nächste Frage war, wie wir bequem zu dem Gletscher hinunterkommen konnten – denn der Maultierpfad war lang und gewunden und beschwerlich. Ich machte mich ans Überlegen und hatte mir bald etwas ausgedacht. Vom Gornergrat, einer fast senkrechten Felswand von etwa 350 m Höhe, schaut man unmittelbar auf den gewaltigen gefrorenen Fluss hinunter, der den Namen Gorner-Gletscher trägt. Wir hatten 154 Regenschirme mit – und ist ein Fallschirm nicht auch zuallererst und zuvörderst ein Schirm?

Ich erwähnte diesen erhabenen Gedanken begeistert Harris gegenüber und wollte die Expedition gerade mit Regenschirmen auf dem Gornergrat antreten und sich zum truppweisen Flug unter dem Kommando je eines Führers bereitmachen lassen, da hielt Harris mich zurück und bat mich dringend, die Sache doch ja nicht zu überstürzen. Er fragte mich, ob diese Methode des Abstiegs aus den Alpen schon jemals zuvor ausprobiert worden sei. Ich sagte nein, ich hätte noch von keinem derartigen Fall gehört. Dann sei es, seiner Ansicht nach, eine Angelegenheit von beträchtlichem Ernst; seiner Ansicht nach, so sagte er, wäre es nicht gut, die ganze Abteilung zugleich von der Felskante springen zu lassen; besser sei es, zunächst einmal nur einen Mann loszuschicken und abzuwarten, wie es ihm erging.

Ich begriff sofort, dass dies ein kluger Gedanke war. Ich sagte es meinem Reisebegleiter auch und dankte ihm von Herzen und bat ihn, seinen Regenschirm zu nehmen und die Sache unverzüglich auszuprobieren und mit dem Hut zu winken, wenn er unten ankam, falls er an einer weichen Stelle landete. Und dann würde ich alles übrige sofort hinterherschicken.

Dieses Zeichen meines Vertrauens rührte Harris zutiefst, und er offenbarte es mir mit merklich bebender Stimme; gleichzeitig sagte er jedoch, er halte sich einer solchen in die Augen fallenden Gunstbezeigung nicht für würdig; solche Bevorzugung (sagte er) könne sehr leicht zu Eifersüchteleien innerhalb des Expeditionskommandos führen, denn es gebe genug, die nicht zögern würden zu behaupten, er habe sich diesen Auftrag erschlichen, wohingegen sein Gewissen Zeuge sei, dass er überhaupt nicht um ihn nachgesucht habe, ja ihn in seinem Innersten nicht einmal begehre.

Ich erwiderte, dass ihm diese Worte zur allerhöchsten Ehre gereichten, er aber die unvergängliche Auszeichnung, als erster mittels Fallschirm von einem Alpengipfel zurückgekehrt zu sein, nicht von sich weisen dürfe, nur um die Gefühle eines neidischen Untergebenen zu schonen. Nein, sagte ich, er müsse die Ernennung annehmen – es sei nun keine Bitte mehr, sondern ein Befehl.

Er dankte mir überschwenglich und sagte, diese Lage der Dinge räume jeglichen Einwand beiseite. Er trat ab und kehrte alsbald mit seinem Regenschirm und vor Dankbarkeit flackernden Augen und vor Freude bleichen Wangen zurück. Gerade in diesem Augenblick kam der Oberführer vorbei. Harris' Gesicht nahm den Ausdruck grenzenlosen Zartgefühls an, und er sagte:

«Dieser Mann hat mich vor vier Tagen grausam beleidigt, und da wünschte ich in meinem Herzen, er werde noch einmal erkennen und bekennen, dass es nur eine einzige edle Rache gibt, die der Mensch an seinem Feind üben kann: Böses mit Gutem vergelten. Ich verzichte zu seinen Gunsten. Ernennen Sie ihn!»

Ich umarmte den grossmütigen Mann und sagte:

«Harris, Sie sind die edelste Seele, die es auf Erden gibt. Sie sollen diesen erhabenen Entschluss nicht bereuen, und die Welt wird davon erfahren. Und falls ich noch leben sollte, werden Sie Gelegenheit finden, ihn noch zu übertreffen – denken Sie daran!»

Ich rief den Oberführer herbei und ernannte ihn auf der Stelle. Aber der Auftrag weckte keine Begeisterung in ihm. Er war ganz und gar nicht angetan von der Idee. Er sagte:

«Mich an einen Regenschirm binden und vom Gornergrat springen! Entschuldigen Sie, aber es gibt eine Menge angenehmere Wege zur Hölle als den.»

Eine Unterhaltung mit ihm über diese Thema förderte zutage, dass er das Unternehmen für ausgesprochen gefährlich hielt. Ich war nicht davon überzeugt, jedoch auch nicht willens, das Experiment auf irgendeine riskante Weise durchzuführen – das heisst dergestalt, dass Stärke und Leistungsfähigkeit der Expedition dadurch geschmälert wurden. Ich war ziemlich am Ende meiner Weisheit, da kam mir der Gedanke, es mit dem Latinisten zu versuchen.

Er wurde herbeigerufen. Aber er lehnte ab, und zwar unter Berufung auf fehlende Erfahrung, Schüchternheit in der Öffentlichkeit, mangelnde Neugierde und was weiss ich noch alles. Ein anderer Mann lehnte ab unter Berufung auf seinen Schnupfen; er halte es für besser, sich nicht der Kälte auszusetzen. Noch ein anderer konnte nicht gut springen – konnte noch nie gut springen – glaubte nicht, dass er so weit springen könne ohne langes und geduldiges Training. Wieder ein anderer befürchtete, es könne anfangen zu regnen, und sein Schirm, sagte er, habe ein Loch. Jeder hatte eine Entschuldigung. Das Ergebnis hat der Leser inzwischen erraten: Der grossartigste Gedanke, der jemals gefasst worden war, musste aufgegeben werden, einfach weil sich niemand mit genügend Unternehmungsgeist fand, um ihn in die Tat umzusetzen. Ja, ich musste diesen Plan tatsächlich fallen lassen – und doch werde ich zweifellos noch erleben, dass jemand anders Gebrauch davon macht und mir mein Verdienst stiehlt, um es sich selber zuzuschreiben.

Nun, wir mussten über Land absteigen – einen anderen Weg gab es nicht. Ich führte die Expedition den steilen und beschwerlichen Maultierpfad hinunter und bezog die bestmögliche Stellung mitten auf dem Gletscher – denn im Baedeker stand, das Mittelstück wandere am schnellsten. Aus Gründen der Sparsamkeit stellte ich jedoch einen Teil des schweren Gepäcks als Frachtgut an die beiden Ränder.

Ich wartete und wartete, aber der Gletscher rührte sich nicht. Es begann zu dämmern, die Nacht brach herein – wir rückten immer noch nicht von der Stelle. Da fiel mir ein, dass im Baedeker vielleicht ein Fahrplan stand; es würde von Nutzen sein, die Abfahrtszeiten herauszufinden. Ich befahl, dass man mir das Buch bringe – es war nicht zu finden. Bradshaw enthielt bestimmt einen Fahrplan; aber auch ein Bradshaw war nicht aufzutreiben.

Nun, ich musste das Beste aus der Lage machen. Also schlug ich die Zelte auf, pflockte die Tiere an, melkte die Kühe, ass zu Abend, setzte die Leute unter Opiumtinktur, teilte die Wache ein und ging zu Bett – nachdem ich befohlen hatte, dass man mich wecke, sobald Zermatt in Sicht war.

Ich wurde gegen halb elf am nächsten Morgen wach und blickte mich um. Wir waren keinen Deut von der Stelle gerückt! Zuerst begriff ich es einfach nicht, aber dann wurde mir klar, dass der alte Kasten auf Grund gelaufen sein musste. Also fällte ich ein paar Bäume und machte ein Rundholz an Steuerbord zurecht und ein zweites an Backbord und vertat über drei Stunden mit dem Versuch, uns flottzuheben. Aber es nützte nichts. Der Kasten war fast einen Kilometer breit und zwanzig oder dreissig Kilometer lang, und es liess sich einfach nicht sagen, wo genau er denn nun auf Grund sass. Auch begannen die Männer unruhig zu werden, und plötzlich kamen sie mit aschfahlen Gesichtern angerannt und riefen, wir seien leckgeschlagen.

Nur mein kühler Kopf rettete uns in diesem kritischen Augenblick vor einer neuen Panik. Ich befahl ihnen, mir die Stelle zu zeigen. Sie führten mich zu einem riesigen Felsbrocken, der in einem tiefen, mit kristallklarem Wasser angefüllten Loch lag. Es sah in der Tat nach einem sehr üblen Leck aus, aber das behielt ich für mich. Ich fertigte eine Pumpe an und befahl den Männern, den Gletscher leerzupumpen. Wir hatten Erfolg damit. Nun bemerkte ich, dass es überhaupt kein Leck war. Dieser Felsbrocken war von einer Wand herabgestürzt und mitten auf dem Eis des Gletscher liegengeblieben, und die Sonne hatte ihn am Tag erwärmt, und folglich hatte er sich immer tiefer in das Eis hineingeschmolzen, bis er schliesslich in einem tiefen Tümpel aus überaus klarem und kaltem Wasser ruhte, so wie wir ihn vorgefunden hatten.

Plötzlich tauchte der Baedeker wieder auf, und ich suchte gespannt nach dem Fahrplan. Da war kein Fahrplan. In dem Buch stand lediglich zu lesen, dass der Gletscher sich dauernd bewege. Das genügte, also klappe ich das Buch wieder zu und wählte einen Standort, von dem aus ich im Vorbeifahren die Landschaft besonders gut betrachten konnte. Dort stand ich eine Zeitlang und genoss die Reise, aber schliesslich fiel mir auf, dass wir in der Landschaft eigentlich nicht so recht weiterkamen. Ich sagte mir: «Dieser verflixte alte Kasten ist bestimmt wieder auf Grund gelaufen!» – und schlug den Baedeker auf, um nachzusehen, ob dort vielleicht ein Mittel gegen diese ärgerlichen Störungen verzeichnet stand. Schon bald stiess ich auf einen Satz, der blendendes Licht auf die Angelegenheit warf. Er lautete: «Der Gorner-Gletscher legt durchschnittlich am Tag zweieinhalb Zentimeter zurück.» Ich habe mich selten so schändlich behandelt gefühlt. Selten ist mein Vertrauen so arglistig betrogen worden. Ich machte eine rasche Überschlagsrechnung: 2,5 Zentimeter am Tag, also etwa achteinhalb Meter im Jahr; geschätzte Entfernung nach Zermatt – 2 bis 30 Kilometer. Fahrzeit auf dem Gletscher etwas mehr als fünfhundert Jahre! Ich sagte mir: «Da bin ich schneller zu Fuss! Und bevor ich solch einen Schwindel wie diesen hier unterstütze, gehe ich auch wahrhaftig lieber zu Fuss.»

Als ich Harris eröffnete, dass der Personenteil des Gletschers – der Mittelteil – der Blitzexpressteil, sozusagen – nicht vor dem Sommer des Jahres 2378 in Zermatt eintreffen werde und das Gepäck, das auf dem langsamen Rand nachkam, erst ein paar Generationen später zu erwarten sei, platzte er mit folgendem heraus:

«Da haben Sie wieder einmal ein typisches Beispiel für europäische Betriebsplanung! Zweieinhalb Zentimeter am Tag – das muss man sich einmal vorstellen! Fünfhundert Jahre für ein bisschen mehr als fünf Kilometer! Aber es überrascht mich gar nicht. Dies ist ein katholischer Gletscher. Das merkt man schon daran, wie er aussieht. Und an der Verwaltung.»

Ich sagte nein, meines Erachtens liege nur das allerletzte Stück in einem katholischen Kanton.

«Nun, dann ist es ein staatlicher Gletscher», entgegnete Harris. «Es kommt alles auf dasselbe heraus. Hier betreibt der Staat alles – also ist alles langsam; langsam und schlecht organisiert. Aber bei uns, da ist alles privat, und wenn alles privat ist, dann gibt es kein Herumbummeln, darauf können Sie sich verlassen. Ich wünschte, Tom Scott kriegte diesen trägen alten Schlitten mal unter die Finger – Sie würden sehen, der schlüge gleich eine andere Gangart an.»

Ich sagte, ich sei sicher, dass er die Geschwindigkeit erhöhen würde, falls genug Verkehr vorhanden sei, um eine solche Massnahme zu rechtfertigen.

«Er würde den Verkehr machen», erwiderte Harris. «Das ist der Unterschied zwischen dem Staat und dem Privatmann. Dem Staat ist alles egal, dem Privatmann nie. Tom Scott würde den ganzen Verkehr an sich reissen; in zwei Jahren würden die Gorner-Aktien auf 200 steigen, und nach zwei weiteren Jahren würden alle anderen Gletscher unter den Hammer kommen.» Nach einer Pause, während der er nachdachte, fügte Harris hinzu: «Etwa zweieinhalb Zentimeter; etwa zweieinhalb Zentimeter, wohlgemerkt. Na, mit meiner Hochachtung vor Gletschern ist es vorbei.»

Mir war nicht viel anders zumute. Ich bin mit Schleppkähnen, Ochsenkarren, Flössen und mit der Epheser & Smyrnaer Eisenbahn gereist; aber wenn es um gute, gediegene, ehrliche langsame Fortbewegung geht, setze ich bedenkenlos auf den Gletscher. Als Mittel der Personenbeförderung halte ich den Gletscher für einen Versager, aber als Transportmittel für Fracht, die nicht Eilgut ist, ist er meiner Ansicht nach einfach nicht zu schlagen. Die Deutschen könnten ihm in diesem Verkehrszweig manch eine feine Nuance abgucken.

Ich befahl den Männern, das Lager abzubrechen und sich zur Landreise nach Zermatt zu rüsten. In diesem Augenblick wurde ein interessanter Fund gemacht; ein dunkler, in das Gletschereis eingebetteter Gegenstand wurde mit Eispickeln herausgehauen und erwies sich als ein Stück eines abgezogenen Tierfells – vielleicht eine fellbeschlagene Reisekiste? Aber eine nähere Untersuchung versetzte der Reisekistentheorie einen Knacks, und eine weitere Diskussion und Prüfung liessen sie vollends platzen – das heisst, nach Ansicht aller Wissenschaftler mit Ausnahme des einen, der sie aufgestellt hatte. Dieser klammerte sich an seine Theorie mit der für Urheber wissenschaftlicher Theorien charakteristischen liebevollen Treue und bekehrte hernach viele der führenden Wissenschaftler zu seiner Ansicht, und zwar mit Hilfe einer Abhandlung, die den Titel trug: «Beweise, die darlegen, dass die felltragende Reisekiste in ungezähmtem Zustand der frühen Eiszeit angehörte und zusammen mit dem Höhlenbär, dem Urmenschen und anderen Oolithen der alten Silurenfamilie die Wildnis des Chaos durchstreifte.»

Jeder von unseren Wissenschaftlern hatte seine eigene Theorie und brachte sein eigenes Tier als Kandidat für das Fell in Vorschlag. Ich unterstützte den Geologen der Expedition in seiner Annahme, dass dieses Stück Fell einstmals in einer alten, vergessenen Zeit mitgeholfen habe, einen sibirischen Elefanten zu bedecken – aber hier trennten wir uns, glaubte doch der Geologe, seine Entdeckung beweise, dass Sibirien früher da gelegen habe, wo jetzt die Schweiz liegt, wohingegen ich die Meinung vertrat, sie beweise lediglich, dass der Urschweizer nicht der stumpfsinnige Wilde war, als der er gemeinhin dargestellt wird, sondern vielmehr ein Wesen von hochentwickelter Geistigkeit, das gerne in den Zoo ging.

An diesem Abend trafen wir nach vielen Mühen und Abenteuern auf einer Wiese in der Nähe dieses grossen Eistores ein, durch das die tolle Visp unter dem Fuss des grossen Gorner-Gletschers hervorkocht, und dort schlugen wir unser Lager auf in dem Bewusstsein, dass wir alle Gefahren bestanden und unser grossartiges Unternehmen erfolgreich zu Ende geführt hatten. Am nächsten Tag zogen wir in Zermatt ein und wurden mit den verschwenderischsten Ehren und übergrossem Beifall empfangen. Eine von allen zuständigen Stellen unterzeichnete und besiegelte Urkunde wurde mir überreicht, die feststellte und bestätigte, dass ich die Besteigung des Riffelberges unternommen hatte. Diese Urkunde trage ich um den Hals, und sie wird mit mir begraben werden, wenn ich nicht mehr bin.

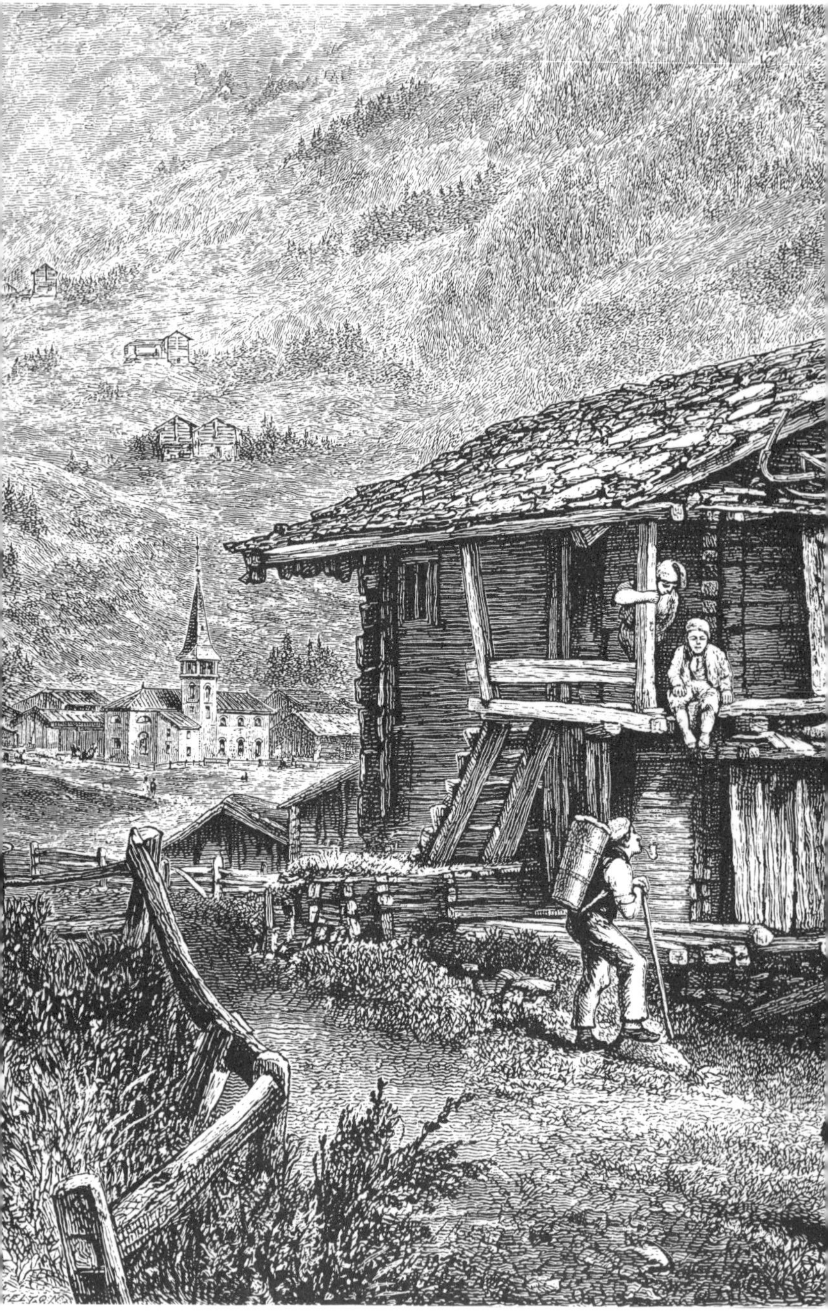

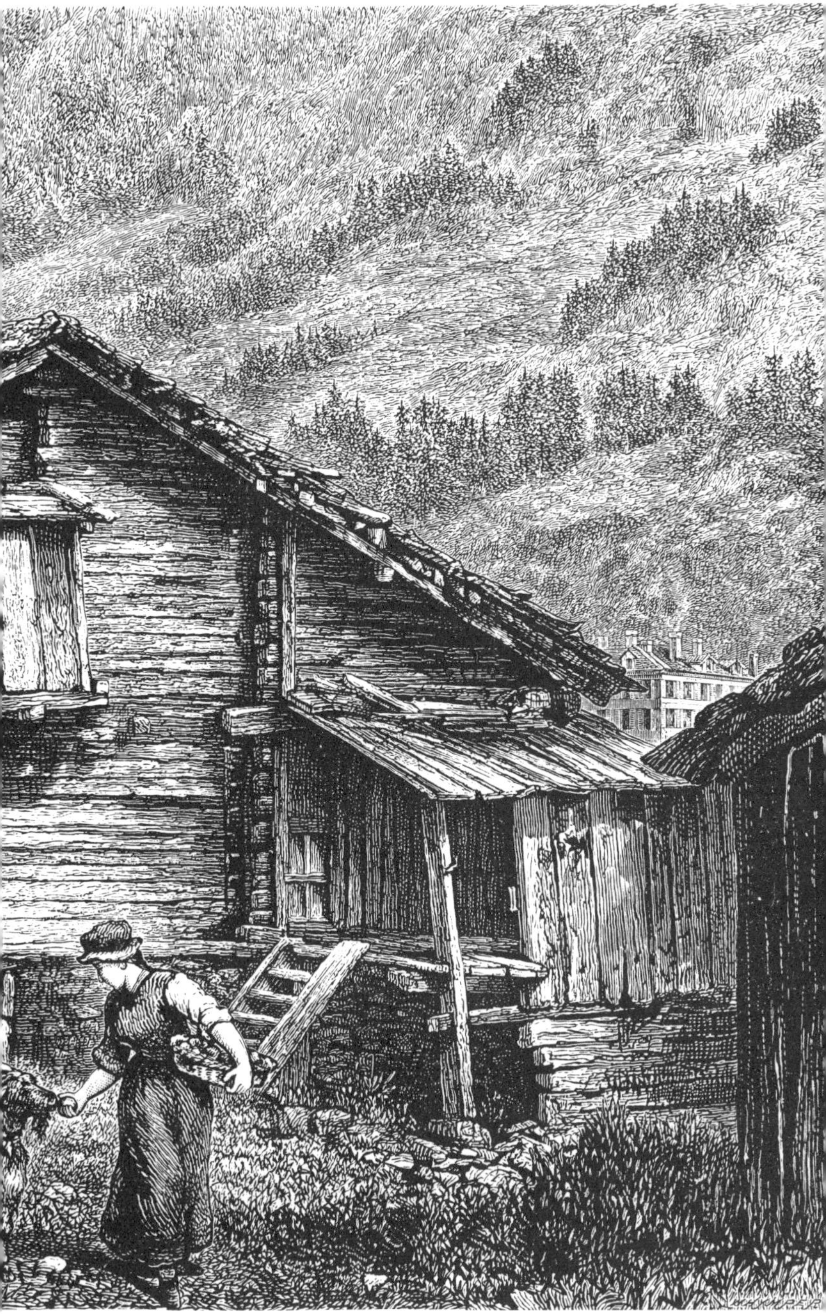

I am sure that the humorous description has given you a great deal of pleasure. May I draw your attention to the three other small volumes:

Mark Twain:
Climbing the Rigi/Rigi-Besteigung
Holiday in Lucerne/Ferien in Luzern
and
Across the Bernese Oberland/Durchs Berner Oberland

They are available in exactly the same get-up. A Japanese/German edition of "Climbing the Rigi" has also been published.

Bestimmt hat Ihnen die humorvolle Schilderung einer Riffelbergbesteigung viel Freude bereitet. Darf ich Sie auf die drei anderen Bändchen aufmerksam machen:

Mark Twain:
Climbing the Rigi/Rigi-Besteigung
Holiday in Lucerne/Ferien in Luzern
und
Across the Bernese Oberland/Durchs Berner Oberland

Sie sind in der genau gleichen Ausstattung erhältlich. Von der «Rigi-Besteigung» ist zudem eine japanisch-deutsche Ausgabe erschienen.

Verlag Dorfpresse   Berghaldenweg 27   8135 Langnau a. A.

400 Jahre verschollen – jetzt wieder aufgetaucht

Matthaeus Merian
6 Kupferplatten aus den Jahren 1609/1610

ab den Originalplatten gedruckt auf Büttenpapier «Rives»
aus der Manufaktur «Arches» in den Vogesen.

Auflage: 200 Exemplare

Als Verfasser der Begleitbroschüre zeichnet
Dr. Lucas H. Wüthrich, Regensdorf

Preis Fr. 300.–

Blatt 1: Ansicht von Baden/Aargau

Blatt 2: Ansicht von Basel,
Blatt 3: Burg mit Rundturm, Blatt 4: Kalenderbild April,
Blatt 5: Perseus und Andromeda, Blatt 6: Eberjagd

Verlag Dorfpresse
B. Hürlimann-Senn, Berghaldenweg 27, 8135 Langnau a.A.
Telefon 01 713 30 63

Panorama of the Gornergrat in 1862, steel engraving
Enclosure to «Berlepsch: Neuestes Reisehandbuch für die Schweiz»

Panorama vom Gornergrat von 1862, Stahlstich
Beilage zu «Berlepsch: Neuestes Reisehandbuch für die Schweiz»